Entfesselte Elemente
Katastrophenbewältigung und Solidarität im Lauf der Zeit

Aus Anlass ihres 200-Jahr-Jubiläums hat die Gebäudeversicherung des Kantons Bern GVB
das Historische Museum Bern in dankenswerter Weise mit einem namhaften Beitrag bedacht.
Gemeinsam legen die beiden Institutionen diese Publikation vor.

Glanzlichter aus dem Bernischen Historischen Museum 18

Titelbild: Der erste grosse Stadtbrand von Bern 1285. Frauen haben Kinder, Truhen und Bettzeug
gerettet, die Kinder ihre Spielsachen. Immer noch verlassen Menschen fluchtartig die Stadt.
Spiezer Chronik des Diebold Schilling, 1484/85, S. 111
Frontispiz: Feuereimer der Zunftgesellschaft zu Schmieden Bern, 18. Jh., BHM Inv. 17151;
Feuereimer des Stifts von Bern, 1787, BHM Inv. 5579.4
Abbildung auf S. 13: Löscharbeiten beim Berner Stadtbrand vom 19./20. Mai 1302. Es stehen einzig Leitern,
Eimer und Zuber zur Verfügung. Spiezer Chronik des Diebold Schilling, 1484/85, S. 136

Redaktion: Elke Jezler-Hübner
Fotografie (Katalog): Yvonne Hurni
Gestaltung und Satz: Bernet & Schönenberger, Zürich
Lithos: Humm dtp, Matzingen
Druck: Stämpfli AG, Bern
Verlag: Chronos Verlag, Zürich

© 2006 Bernisches Historisches Museum, Helvetiaplatz 5, CH-3000 Bern 6
ISBN-13: 978-3-9523573-7-8 (BHM)
ISBN-13: 978-3-0340-0844-0 (Chronos Verlag)
EAN: 9783952357378

Entfesselte Elemente

Katastrophenbewältigung und Solidarität im Lauf der Zeit

Quirinus Reichen

*«Des Menschen Geist, der allem Übel abhelfen möchte,
erfand die Assekuranzen, in welchen die Gesamtheit
dem Einzelnen seinen Schaden vergütet, und zwar nicht aus
Barmherzigkeit, sondern von Rechts wegen.»*
Jeremias Gotthelf

Liebe Leserin, lieber Leser

Vor 200 Jahren, nämlich am 1. Januar 1807, schlug die Geburtsstunde der «Allgemeinen Brand-versicherungsanstalt für den Canton Bern» (BVA), Vorgängerin der heutigen Gebäudeversicherung Bern. Diese Gründung war zweifellos eine Pioniertat Berns. Nur Aargau und Thurgau hatten bereits 1805 bzw. 1806 eine vergleichbare Anstalt errichtet.

Wie Jeremias Gotthelf treffend erkannte, prägten zwei tragende Gedanken die Gründung der BVA: Einerseits das solidarische Einstehen der Gemeinschaft für den einzelnen Geschädigten. Andererseits die Schaffung eines verbindlichen Rechtsanspruchs auf Entschädigung versicherter Schäden. Angesichts der desolaten Verhältnisse im Gefolge von Schadenereignissen – und solche gab es bei damals völlig ungenügender Prävention zuhauf – war die Gründung der BVA ein Riesenschritt in die richtige Richtung. Die BVA aus dem Jahr 1807 kann natürlich in ihrer Aus-gestaltung mit der heutigen GVB nicht verglichen werden. Ihre Grundidee ist aber bis auf den heuti-gen Tag unverändert erhalten geblieben: Verbindliche Hilfe in der Not durch die in der GVB zusammengefasste Gefahrengemeinschaft.

In den letzten 200 Jahren hat sich das Schadenbedrohungsbild im Kanton Bern erheblich verändert. Mit dem Aufkommen zweckmässiger Brandprävention und schlagkräftiger Feuerwehren konnte zwar das Brandgeschehen weitgehend stabilisiert, ja sogar reduziert werden. Unter dem Eindruck zunehmender Verletzlichkeit unserer Bauten und Infrastrukturen, gepaart mit einer spür-baren Klimaerwärmung, hat sich jedoch das Elementarschadengeschehen stark verschlechtert. Diese Tendenz dürfte sich in den nächsten Jahren und Jahrzehnten weiter verstärken. Gefordert sind in dieser Situation die öffentliche Hand, die Versicherungswirtschaft sowie die Versicherten, diese neuen Herausforderungen mit nachhaltigen Lösungen anzugehen. Gefordert sind mithin erneut Pioniertaten, wie sie die Gründer der GVB unternommen haben!

Das vorliegende Werk erscheint in der Reihe «Glanzlichter des Bernischen Historischen Muse-ums» und begleitet die im Jubiläumsjahr eröffnete Dauerausstellung «Bern und das 20. Jahrhundert» im Bernischen Historischen Museum. Wir danken dem Autor, Herrn Quirinus Reichen, Historiker, für seine verdienstvolle Arbeit, wünschen dem Werk eine gute Aufnahme und der GVB weiterhin viel Erneuerungswille und Pioniergeist.

Der Präsident des Verwaltungsrates
der Gebäudeversicherung Bern

Der Vorsitzende der Geschäftsleitung
der Gebäudeversicherung Bern

Edouard Pfister

Ueli Winzenried

Entwurf einer vorbildlichen Brandbekämpfung im Jahr 1746: Mittels Pumpen und einer Eimerkette der Bürger wird das Wasser aus dem Fluss zur Brandstätte gefördert. Bewaffnete Ordnungshüter riegeln den Schauplatz ab. Eine Versicherung der Brandschäden gab es noch nicht. – Dargestellt ist die Stüssihofstatt in Zürich.

Der Gefahr gemeinsam begegnen: Der Weg zur Gebäudeversicherung

Am 1. Januar 1537 buk die Huttwilerin Frau Greti Neu-jahrsküchlein. Das geschah in der offenen Pfanne am offenen Herd bei offener Küche und hölzernem Rauch-abzug. Was dann genau passierte, wissen wir nicht, nur das Resultat kennen wir: Das ganze Städtchen brannte ab, zum zweiten Mal seit 1340, aber nicht zum letzten Mal (Kat. 10). Die Geschichte zeigt uns exemplarisch, wie wenig Raum einst zwischen dem seltenen Vergnügen, süsse Küchlein zu essen, und dem totalen Ruin einer ganzen Dorfgemeinschaft lag. Bis in jüngere Zeit war der Mensch den tobenden Gewalten von Feuer, Wasser und Eis wehrlos ausgeliefert.

Gottes mahnende und strafende Hand?

Noch im 19. Jahrhundert hielt der Pfarrer nach dem Lö-schen eines Brandes eine Rede, die «Abdankung». Das war eine Art Standrede, fast wie nach einer Hinrichtung. Dieser Brauch zeigt, wie während langer Zeit Brände als eine Art Gottesurteil angesehen wurden. Dabei war bei einer Feuersbrunst die Ursache meist gut erkennbar, selbst wenn man da und dort übles Treiben vermutete. Ob dieser Gedanke noch nachklang, als man nach dem Dorfbrand von Meiringen 1891 (Kat. 17) die Besitzerin jenes Hauses, in dem das Feuer ausgebrochen war, für mehrere Monate inhaftierte?

Wie viel unheimlicher war dem mittelalterlichen und frühneuzeitlichen Menschen die Bedrohung durch andere Naturkatastrophen, etwa Bergstürze oder Über-schwemmungen, deren unmittelbare Ursachen nicht ohne Weiteres auf der Hand liegen? Es ist verständlich, dass man dahinter Überirdisches, ja Gottes mahnende und strafende Hand sah. Gemäss dem Alten Testament wurde ja die Menschheit als Vergeltung für ihre Sünden mit der Sintflut bestraft. Böse und unheimliche Mächte sah man im Bergsturz von Derborence (1714 und 1749) am Werk: Da waren für den Volksglauben die Teufelchen der Diablerets im Spiel. Unwetter wurden vermeintlich von Hexen gemacht. 1575 verbrannte man im österrei-chischen Pinzgau einen Pfarrer und seine Köchin, weil man sie des «Wettermachens» verdächtigte und ihnen die Verantwortung für Hagel und Unwetter anlastete.

Der Beispiele sind viele. Die gedruckten Predigten, die oft nach grossen Katastrophen verbreitet wurden, zeigen immer wieder, wie sehr die Geistlichkeit die Vorfälle auf das lasterhafte Leben der Menschen zurückführte: Die Opfer büssten für Ihre Sünden, die Verschonten aber wurden ermahnt, ihr Leben zu ändern und sich zu bessern.

Abwehr gegen Feuer, Unwetter, Lawinen und Berg-stürze fand der Mensch des späten Mittelalters und der frühen Neuzeit noch nicht in Prophylaxe, in Schutz-bauten oder zweckdienlichem Verhalten. Glück wie Un-glück kamen vielmehr von Gott, und sich diesem ent-gegen zu stellen galt als Sünde. Auf Katastrophen rea-gierten unsere Vorfahren bisweilen in einer Weise, die uns Heutigen oft schwer nachvollziehbar erscheint: In der Not wurden nicht nur für schuldig erachtete Men-schen angegriffen, Hexen verbrannt, Juden und Land-streicher vertrieben oder gar den schädlichen Maikäfern der Prozess gemacht. Hilfe suchte der Mensch vor allem in seinem Glauben und in religiösen Handlungen. Bild-stöcke, Wegkreuze und Kapellen markierten die Land-schaft und baten um göttlichen Schutz; Wallfahrten, Bettage und fromme Stiftungen sollten den Herrn über Feuer und Wetter gnädig stimmen.

Frühe Beispiele der Prävention

Nur selten lehrte die Erfahrung die Menschen, selber erste Gegenmassnahmen zum Schutz vor Naturkatastro-phen zu ergreifen. Zu diesen gehörte die Pflege der Bannwälder gegen Lawinen, Erdrutsche und Murgänge. Ihre Existenz ist seit dem hohen Mittelalter verbürgt; am bekanntesten ist der Bannwald von Andermatt (Abb. 1). Gegen Bergstürze war man völlig wehrlos; die Zeichen der nahenden Gefahr wollte man häufig erst gar nicht für wahr halten (Piuro 1618, Kat. 4). Angesichts der be-schränkten technischen Möglichkeiten waren Massnah-men gegen Überschwemmungen wenig und nur lokal wirksam. Meiringen etwa baute 1734 eine Schutzmauer gegen den Alpbach. Für grössere Werke fehlten die Mittel und auch weitgehend die nötigen technischen Kennt-nisse. Die Umleitung der Kander von 1714 (Kat. 5) ist

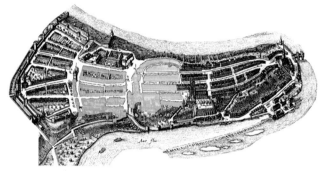

1 | Schutzwälder gegen Lawinen und Erdrutsche werden mindestens seit dem Mittelalter unterhalten. – Der Bannwald von Andermatt um das Jahr 1970.

2 | Die Stadt Bern mit den beim Stadtbrand 1405 zerstörten Stadtteilen. – Ausschnitt aus der Planvedute von Joseph Plepp, Kupferstich Matthäus Merian, um 1635/36.

eine Ausnahme; die ersten grossen Flussbauten sind Werke des 19. Jahrhunderts.

Die hier erwähnten grossen Naturkatastrophen waren in der Erinnerung der Menschen allerdings aussergewöhnlich. Zur Tagesordnung gehörten hingegen die Brände. Seit dem 14. Jahrhundert gab es zwar geschlossene Kachelöfen, daneben aber blieben offene Kamine und Herdstellen über Jahrhunderte in Gebrauch. Diese Feuerstellen waren Quelle dauernder Gefahr. Hier war sich der Mensch seiner Verantwortung für die Risikominderung am frühesten bewusst. Um Brandprävention bemüht man sich deshalb zwar schon lange ernsthaft, wenn auch mit mässigem Erfolg: Nach dem Stadtbrand von Bern 1405 (Abb. 2; Kat. 2) machten sich die Behörden über die Gefahren Gedanken und waren bestrebt, etwas dagegen zu unternehmen. Brandmauern und Vorschriften über den Umgang mit dem Feuer versuchten zumindest, der immensen Gefahr entgegenzuwirken. «Feuerexperten» gab es bereits im 15. Jahrhundert, Kaminfeger im 17. Jahrhundert. 1760 ordnete der Rat von Bern

an, dass alle Gemeinden eine Feuerspritze und eine Feuerwache haben müssen, aber da viele Gemeinden wegen der Kosten protestierten, änderte sich nur wenig. Gegen Blitzschlag (Huttwil 1834, Kat. 10) oder Funkenflug bei Sturm (Glarus 1861, Kat. 14; Meiringen 1891, Kat. 17) war aber jede Prävention vergeblich. Die Anzahl der lokalen Brandfälle und der grossen Dorfbrände bis zum Anfang des 20. Jahrhundert zeigt, dass diese Massnahmen eigentlich wenig bewirkten. War einmal ein Brand ausgebrochen, so galt es nur noch, den Schaden in Grenzen zu halten.

Aufklärung und Umdenken

Im Verlaufe des 18. Jahrhunderts, im Zeitalter der Aufklärung, versuchten gelehrte Menschen, die Natur neu zu verstehen. Sie erforschten die Gesetze der Natur, stiessen aber auf Widerstand in traditionell denkenden Kreisen. Diese betrachteten die Tätigkeit der Forscher als Eingriff in die göttliche Vorsehung, als Absage an das Wort Jesu «selig sind, die nicht sehen und doch glau-

3 | Die Oberländer Tal-
schaften überbringen Geld für
den Wiederaufbau nach dem
Berner Stadtbrand von 1405.
– Spiezer Chronik des Diebold
Schilling, 1484/85, S. 547.

ben» (Joh. 20, 29). So wird verständlich, warum die Annäherung an die modernen Naturwissenschaften zögernd verlief, und warum statistische Erhebungen gar als Verstoss gegen göttliches Gebot verurteilt wurden.

Aufklärerisch gesinnte Zirkel wie die Oekonomische Gesellschaft von Bern befassten sich mit Fragen der Volkswirtschaft, also auch mit der Frage nach den Gründen für die Verarmung vieler Menschen. Als bedeutende Ursache wurden die häufigen Brände erkannt. In der weitgehend naturalwirtschaftlich geprägten Gesellschaft waren Immobilienbesitz und Vorräte der einzige Vermögensbestand. Fielen diese einem Brand zum Opfer, standen die Familien vor dem Nichts, denn eine Brandversicherung gab es in der Schweiz nicht. Im Brandfall unterstützten sich Nachbarschaft und Gemeinden gegenseitig, man half mit Geld- oder Naturalgaben und Baumaterial (Abb. 3, 4). Solche Geldspenden nannte man Brandsteuern; sie waren aber keine bindenden Leistungen, sondern im Sinne von «beisteuern» zu verstehen. Ungern sah die Obrigkeit das Betteln und versuchte, es mit besonderen Erlaubnisscheinen, den Bettelbriefen, zu kanalisieren, ohne es aber ganz verhindern zu können. In einigen Orten gab es «Verbrüderungen», in denen sich Gebäudebesitzer zu gegenseitiger Unterstützung im Brandfall verpflichteten. Dieses System hielt sich vereinzelt bis ins 19. Jahrhundert. Doch all dies löste das Problem nicht. Meist deckten Sammlungen etwa einen Viertel des Schadens; schadendeckende Sammlungen blieben seltene Ausnahmen, Abhilfe tat Not.

Brauchen wir eine Brand-Assekuranz?

Versicherungen gab es in Italien seit dem Mittelalter, in Nordeuropa seit dem 17. Jahrhundert. Ohne sie hätte die Hochseeschifffahrt nicht funktioniert. Die ersten Brandversicherungen entstanden im 17. Jahrhundert in Deutschland. Im Jahr 1787 schrieb die Oekonomische Gesellschaft Bern, angeregt von einem ihrer tätigsten Mitglieder, Niklaus Emanuel Tscharner, einen Wettbewerb über die Frage aus, ob Bern eine Brandversicherung brauche. Die Reaktionen waren durchwegs positiv und bewirkten einen Antrag an den Grossen Rat, die Sache

4 | Die Freiburger leisten materielle Hilfe beim Wiederaufbau der niedergebrannten Stadt Bern. – Spiezer Chronik des Diebold Schilling, 1484/85, S. 545.

weiter zu verfolgen. Tscharner, mit der Skepsis der Bauern wohl vertraut, sah das Hauptproblem darin, dass die Landbevölkerung wohl kaum für im Voraus zu zahlende Prämien zu gewinnen wäre, würden sie solche doch als eine neue Abgabe betrachten. Um die regionale Solidarität zu fördern und Unterschieden in der Gebäude- und Siedlungsstruktur Rechnung zu tragen, schlug Tscharner zudem auch vor, Bern – das damals auch noch die Waadt und den Aargau umfasste – in neun Versicherungsregionen aufzuteilen.

Eine neue Institution für das Volk – für alle?

Berns Mühlen mahlen langsam, und die Zeit hatte andere Sorgen. 1798 ging das Alte Bern unter. Die Helvetische Republik nahm die Brandversicherung wie viele andere Anliegen auf ihre Traktandenliste, wurde aber ihrerseits von den Ereignissen der unruhigen Zeit überrollt. Ein anderer Kanton sollte zum Pionier werden: 1802 kam das vorher österreichische Fricktal zum Aargau, und dort hatte man dank Kaiserin Maria Theresia schon seit 1764 eine Brandversicherung. Eine neue, nun den ganzen Kanton Aargau umfassende Institution dieser Art nahm am 1. Januar 1806 ihre Arbeit auf.

In Bern war man nach 1803 ebenfalls nicht untätig gewesen, und nach langen Beratungen über das Machbare fasste der Grosse Rat am 28. Mai 1806 den Beschluss, eine «Brand-Assekuranz» zu gründen. Am 1. Januar 1807

5 | Vorsichtsmassnahme: Die Kirche von Bätterkinden steht leicht erhöht über der reissenden Emme. – Albrecht Kauw: Schloss Landshut, 1664 (Ausschnitt). Öl auf Leinwand, Historisches Museum Bern Inv. 3422.

6 | Beim Hochwasser vom August 2005 setzte die Aare auch das Berner Matte-Quartier unter Wasser.

nahm sie ihre Arbeit auf. Das war ein Jahr vor den Zürchern, die allerdings seit 1782 bereits eine städtische Versicherung gehabt hatten. Weitere Kantone folgten. Heute haben 19 Kantone eine obligatorische Gebäudeversicherung. Die übrigen Kantone überlassen das Geschäft privaten Anbietern.

Die neue Institution funktionierte, stiess aber auf dem Land auf Zurückhaltung. Konkurrenzunternehmungen entstanden, v. a. im Oberaargau, wurden aber im Folgejahr verboten. Das neue Gesetz verbot auch kantonale Brandsteuern an nicht Versicherte, um die Versicherung attraktiver zu machen. Ganz im Sinne von Tscharners Überlegungen wurden in der Anfangszeit nicht Prämien erhoben, sondern nach dem Geschäftsjahr die Schadensumme proportional zu den Versicherungssummen auf die Versicherten verteilt. Nach dem statutarisch vorgesehenen Provisorium von 25 Jahren war 1831 eine Dauerlösung zu schaffen; 1834 trat sie in Kraft.

Wer ist billiger? – Die Zeit der Konkurrenz

Die Brandversicherung von 1834 kannte kein Monopol. In der Folge entstanden innerhalb der Kantonsgrenzen vier Konkurrenzunternehmungen in Trub, Worb, Heimiswil und im Wyssachgraben. Die Abgelegenheit dieser Orte signalisiert das Problem: Die Versicherung kannte keine Klassifizierung der Risiken oder Gebäude. Dieser Mangel einer regionalen Differenzierung wurde als Nach-

teil empfunden. Gegenden mit Einzelhofsiedlungen und daher geringerem Risiko fühlten sich übervorteilt. Natürlich waren die Prämien der Konkurrenz niedriger, weil sie Risikogebäude ablehnen konnte. Zunehmende Schäden in der Jahrhundertmitte und die Brandkatastrophe von Glarus im Jahr 1861 (Kat. 14) riefen nach einer Neu- und Umorganisation. Zeitweise stand sogar die Verschmelzung oder Aufhebung der kantonalen Kassen oder wenigstens ihrer Monopole zur Diskussion. Schliesslich siegte auf gesamtschweizerischer Ebene der kleinste gemeinsame Nenner: Die Gründung einer privaten Rückversicherung, der Bern allerdings erst 1884 beitrat.

Ein Monopol zum Wohle aller

Zwischen 1861 und 1881 wurde in Bern an einer Revision gefeilt, ab 1. Januar 1883 wirkte die komplett erneuerte Versicherung. Sie verfügte wieder über das Monopol für die Immobilien im Kanton, kannte ein weitgehendes Obligatorium, die Entschädigungen waren nun klarer und gerechter geregelt, und statt einer Gebäudeklassifizierung traten zu 20 Prozent der Haftung Bezirkskassen und zu weiteren 10 Prozent Gemeindekassen in Funktion. So konnte den regionalen Verschiedenheiten etwas Rechnung getragen werden.

Neu war, dass nun auch Reserven angelegt werden mussten und sich die Versicherung nicht nur in der

Schadensregelung, sondern auch bei Feuerpolizei und Prävention zu engagieren hatte. Sie tat das mit der Ausbildung der Feuerwehren und der Subventionierung von Anschaffungen. Ausserdem wirkte sie in der Gestaltung neuer Ortspläne mit. In der Tat hatten die vielen Dorfbrände des 19. Jahrhunderts fast alle schweizerischen Brandversicherungen bewogen, aktiv in den Wiederaufbau verbrannter Dörfer einzugreifen. Durch Auflockerung der Bauweise oder sogar ganz neue, streng rechtwinklige Ortspläne wollte man die Gefahr künftiger Flächenbrände vermindern. Was nach dem Stadtbrand von La Chaux-de-Fonds 1794 begonnen hatte, fand nun in vielen Dörfern Nachahmung: Frutigen (1827) und Meiringen (1891, Kat. 17) sind Beispiele aus dem Kanton Bern. Weiterhin machte man sich für die Beseitigung der gefährlichen Schindeldächer stark; und nach dem Hotelbrand von Weissenburg (1898) untersuchte man Risikobauten genauer.

Mit einem neuen Namen in die Gegenwart

1972 wurde aus der Brandversicherung die «Gebäudeversicherung des Kantons Bern». Das neue Gesetz vom 6. Juni 1971 war aber mehr als nur Namenskosmetik. Wichtig war der Übergang von der Zeitwert- zur Neuwertversicherung, angesichts der Bauhochkonjunktur mit ihrer galoppierenden Preisentwicklung eine unumgängliche Massnahme. Zur Vereinfachung der Organisation wurden die Bezirks- und Gemeindebrandkassen aufgehoben. Das GVB-Gesetz von 1971 steht auch heute noch in Kraft. Es hat sich bisher ausgezeichnet bewährt.

Elementarschäden und ein neuer Klimawandel?

Nach dem Ersten Weltkrieg wurden neben der Brandgefahr auch Elementarschäden ein Gesprächsthema. Bisher waren sie nicht versichert. Heftige Unwetterkatastrophen im Sommer 1926 waren Anlass, ab 1. Januar 1928 auch Gebäudeschäden durch Lawinen, Schneedruck, Sturm, Bergsturz und Überschwemmungen in den Versicherungsschutz aufzunehmen. Der erste Grossschaden dieser Art ereignete sich 1930 in der Lenk (Kat. 19). Ab Mitte 1942 waren auch Hagelschäden inbegriffen. Aus

Angst vor ausufernden Kostenfolgen blieben Kriegs- und Erdbebenschäden weiterhin ausgeschlossen.

Bereits von der Mitte des 16. Jahrhunderts an hatte sich in Mitteleuropa eine Klimaverschlechterung bemerkbar gemacht. Was später als kleine Eiszeit bezeichnet wird, manifestierte sich in einem spürbaren Temperatursturz, in zunehmenden Unwettern und unwetterbedingten Überschwemmungen und Zerstörungen der Landschaft. In einer Gesellschaft, die ohnehin am Rand des Existenzminimums lebte, bedeutete das eine Katastrophe.

Seit etwa zwei Jahrzehnten ist heute eine neue Klimaveränderung zu beobachten. Neben einem Temperaturanstieg realisieren wir zunehmende Überschwemmungsschäden und Winterstürme. Die steigenden Temperaturen betreffen besonders auch jene Gebirgszonen, die bisher durch den Permafrost zusammengehalten wurden und nun mit Bergstürzen drohen.

Vermehrt wird in den letzten Jahren die Ursachendiskussion geführt. Darin spielen klimatische Veränderungen und die Frage, inwieweit sie vom Mensch mitverursacht sind, eine grosse Rolle. Es ist offensichtlich, dass der Mensch die Naturgewalten nicht vollständig in den Griff bekommen hat. Die theologisch-moralische Diskussion früherer Jahrhunderte ist übergegangen in eine umwelt-ethische. Aufgrund des spürbaren Anwachsens der Elementarrisiken engagiert sich die Gebäudeversicherung auch in der Prävention im Elementarschadenbereich. Für die Zukunft warten hier weitere Herausforderungen.

Literatur: Brandversicherungsanstalt 1957; Wälchli 1964; Braungart 1985; Schröder 2004; Wanner 2004; Seifriedsberger 2005; Schweizer/Zagermann 2006.

Katalog

Die Auswahl der Katalogthemen orientiert sich an verschiedenen Kriterien: Schadensfälle von gesamtschweizerischer Bedeutung; Ereignisse, welche für die Versicherungsgeschichte wichtig sind; historische Katastrophen, die in die Gegenwart oder gar Zukunft weisen. Neben Brandfällen sind Bergstürze, Überschwemmungen, Hagel und eine Explosion vertreten. Die Kommentare beleuchten neben dem Unglück auch die Behebung, Entschädigungsfragen und Aspekte im Hinblick auf künftige Prävention.

1   Das Erdbeben von Basel 1356

Ernst Stückelberg (1831–1903), 1886, Ausschnitt.
Öl auf Leinwand, Höhe 185,5 cm; Breite 344,5 cm. Kunstmuseum Basel, Inv. 599.

Die Schweiz ist kein typisches Erdbebengebiet, obwohl einige Regionen ein erhöhtes Risiko aufweisen, so etwa das Mittelwallis mit Visp oder Basel am Rand des oberrheinischen Grabens. Das Erdbeben von Basel gehört zu den schlimmsten in geschichtlicher Zeit. Es ist eine Katastrophe von europäischer Bedeutung, die noch der Historienmalerei im 19. Jahrhundert als Motiv dienen konnte.

Am 18. Oktober 1356, um die Zeit des Abendessens, wurde die Stadt zum ersten Mal von einem kleineren Beben betroffen, um Mitternacht folgten der Hauptstoss und dann noch eine Reihe kleinerer Nachbeben. Die Stadt fiel dabei nicht wie ein Kartenhaus zusammen, so wie es die mehr als 200 Jahre später entstandene Illustration von Wurstisen zeigt (Abb. 7). Erdbebenwellen lassen Gebäude nicht kippen, sondern erzeugen eine Vibration, die von den Mauern aufgefangen werden muss. Ist eine Mauer stark, hält sie stand oder erleidet allenfalls einen Riss, wie er beispielsweise noch heute am Basler Münster erkennbar ist. Eine schwache Mauer aber bricht in sich zusammen.

Mit dem Mauerschaden war es in Basel nicht getan. Das erste Beben zur Vesperzeit traf auf viele ungelöschte Feuerstellen, die, umgestürzt und von den flüchtenden Menschen verlassen, die Stadt bald in ein Flammenmeer tauchten. Der Schutt eingefallener Häuser staute endlich noch den Birsig, einen linksseitigen Zufluss des Rheins, und verursachte eine Überschwemmung.

In der Stadt hatte das Ereignis erstaunlich wenige Opfer gefunden. Die politische Führung blieb weitgehend verschont, der Wiederaufbau verlief in geordneten Bahnen. Bereits 1362 hatte die Stadt alle Schulden, die ihr aus dieser Katastrophe erwachsen waren, bezahlt. Bis 1370 waren alle beschädigten Bauten repariert oder ersetzt – eine für das Mittelalter aussergewöhnliche Leistung.

Auch die Umgebung Basels war betroffen. Bis auf 80 km hinaus, gegen den Jura und das Elsass, erlitten Burgen und Kirchen Schaden. Die Kirchen wurden wieder hergestellt, einige Burgen aber standen bereits am Ende ihrer Blüte und verfielen, weil sie nicht mehr gebraucht wurden.

Wer in alten Quellen nach bildlichen Darstellungen von Naturkatastrophen sucht, stellt mit Erstaunen fest, dass nur wenige derartige Ereignisse illustriert sind. Bilder von Erdbeben, auch ausserhalb Europas, finden sich hingegen immer wieder. Unter allen Naturkatastrophen haben sie in ihrer totalen Unerklärbarkeit die Menschen stets am meisten bewegt. Erst die modernen Erdwissenschaften des 19. und 20. Jahrhunderts konnten die nötigen Erklärungen liefern und das Phänomen mindestens teilweise entzaubern.

Literatur: Wurstisen 1978; Meyer 2006.

7 | Früheste Darstellung des Erdbebens von Basel in der Basler Chronik des Christian Wurstisen, Basel 1580, S. 175.

2 Der Stadtbrand von Bern 1405

Evakuation und Löscharbeiten. Illustration in der Amtlichen Berner Chronik des Diebold Schilling, Bern 1474–1483.

Burgerbibliothek Bern, Mss.h.h.I.1, S. 289

«Do man zahlt von gotteß geburt MCCCCV iare an einem dornstag. Der do waß der XIII tag meyen, nach vesper zite umb die fünfte stund, ging fure [Feuer] uf mitten an der Brunngassen schattenhalb. Und waß von bisen gar grosser wind, und wart dass fure so mechtig, dass eß nieman mocht erweren [...]». So beginnt der Bericht in der Spiezer Chronik des Berner Chronisten Diebold Schilling über den grossen Stadtbrand von Bern am 13. Mai 1405.

Die Bise trug das Feuer in kurzer Zeit südwärts über die ganze westliche Zähringerstadt zwischen Kreuzgasse und Zytglocke und in die innere Neustadt, von wo es auch auf das Gewerbeviertel im tiefer gelegenen Marzili übergriff (Abb. 2). Das Inselkloster (am Standort des heutigen Bundeshaus Nord) und das Franziskanerkloster (heute Casino) fielen den Flammen zum Opfer, die übrigen Gotteshäuser blieben unversehrt. Zerstört wurde hingegen auch ein Teil der Stadtbefestigung. Insgesamt wurden mehr als 600 Gebäude zerstört und über 100 Menschen kamen in den Flammen um. Damit war diese Katastrophe der grösste Stadtbrand in der Schweizer Geschichte.

An eine effiziente Brandbekämpfung im heutigen Sinne war selbstverständlich nicht zu denken. Das grosse Bild aus der Amtlichen Berner Chronik zeigt eindrücklich, was bei einem Brand in einer mittelalterlichen Stadt getan werden konnte: Wasser wurde in Feuereimern auf Leitern in die Höhe getragen und in das Feuer geschüttet. Damit konnte man bestenfalls die nicht betroffenen Häuser etwas schützen. Im Vordergrund sieht man, wie die Habseligkeiten der bedrohten Bürger geborgen werden: Truhen, Töpfe, Betten. Daneben halten sich die geretteten Kinder auf; ganz links Frauen und Geistliche, die um Gottes Hilfe flehen.

Die Nachbarstädte Solothurn, Biel, Burgdorf, Thun, Aarberg, Laupen, Nidau, Büren und Freiburg leisteten sofortige Hilfe beim Beseitigen des Brandschutts (Abb. 4). Dieser wurde vor allem in den ältesten, nicht mehr benötigten Stadtgraben geworfen. So kam Bern vor dem Kornhaus zu seinem ersten grossen Platz, dem heutigen Kornhausplatz.

Über die Entschädigung an die Freiburger, welche zwei Monate Aufräum- und Wachtdienste leisteten, sind wir eingehender informiert: Die beiden Städte teilten sich die Kosten. Es wird erzählt, dass Bern den Freiburgern als Dank das Recht einräumte, den Berner Markt mit Zwiebeln zu beliefern, womit der traditionelle Zibelemärit geboren worden sei. Tatsächlich gibt es den Zibelemärit erst seit dem 19. Jahrhundert; die Legende dazu ist noch jünger.

Literatur: Baeriswyl 1999; Ramseyer 1990.

9 | Schichten von verkohltem Brandschutt im Boden beim Zytglockenturm zeugen vom grossen Brand von 1405 in Bern.

3   Die Buzza di Biasca 1513/1515

Darstellung in der Schweizer Chronik des
Johannes Stumpf, 1548, 2. Teil, S. 280 (Ausschnitt).
Holzschnitt. Höhe 8 cm, Breite 16,7 cm.
Historisches Museum Bern, Inv. 37251

Als sich am 30. September 1513 nördlich von Biasca am
Monte Crenone (heute Pizzo Magno) ein riesiger Bergsturz löste, war der spätere Pfarrer und Chronist Johannes Stumpf zwölf Jahre alt. Es ist nicht auszuschliessen,
dass er später im Hinblick auf seine Chronik mit Augen-
zeugen gesprochen hat, denn das Gebiet stand seit
1495 unter eidgenössischer Verwaltung. Stumpf schrieb
1548 (wobei er sich in der Jahrzahl täuschte): «Anno
d[omin]o 1512 fielend in disem tal [Val Blenio] zwen
berg zesamen, verschwelltend das wasser, daß es aufgieng
und das gantz tal hinder sich auff etliche meyl wägs er-
füllet, und zuo einem see gemacht.» Hinter dem Schutt-
kegel hatte sich ein ca. 5 km langer See gebildet. Im Dorf
Malvaglia stand das Wasser so hoch, dass der Kirchturm
gerade noch zur Hälfte herausragte.

Im übernächsten Jahr folgte auf den Bergsturz ein
zweites Unglück: Am 15. Mai 1515 kam es zu einem uner-
warteten Ausbruch des künstlichen Sees, der über Bellinzona hinaus bis in die Magadinoebene grossen Schaden anrichtete und von Stumpf ebenfalls beschrieben
wird: «Darnach im iar 1515 ist dieser see gächling mit
schaden abgebrochen, hat das ander talgelend für Bel-
lentz hinab erschrockenlich überschwemmt, verderbt,
und bey 600 menschen verfuert.» Stumpf weiss sogar
von einer Flutwelle, die noch den Lago Maggiore erfass-
te: «Hat mit seinem gächen und grausamen eynfal den
Langensee also erzürnet und wuetig gemachet, dass
gmeinlich alle schiffleuth und vischer, so der selben
stund darauff warend, sich verdärbens hattend verwegen
[sich ihres Verderbens gewiss waren]. Also sind die er-
trenkten döerffer widerumb herfür kommen…»

Der Seeausbruch forderte 600 Menschenleben und
zerstörte 400 Häuser; die Torrettabrücke in Bellinzona
und Teile der Talsperre stürzten ein. Man beschuldigte die
Bevölkerung von Malvaglia der Zauberei: nur mit über-
dischen Kräften könne man sich dieses Sees entledigen.
Der Prozess von 1517 endete aber mit einem Freispruch.

Der Holzschnitt in der Chronik von Johannes
Stumpf dient auch zur Illustration von Überschwemmungen in Luzern und Zürich. Für kein anderes Ereignis
ist er aber so passend wie für den Seeausbruch im Ble-
niotal. Rechts erkennt man, wie das Wasser aus einem
Loch unter Steinen hervorquillt und Menschen, Tiere
und Häuser wegschwemmt. Die Stadt links ist Bellinzona, wo die später zerstörte Brücke noch steht. Die Flutwelle auf dem Langensee im Hintergrund steht noch
bevor. Das Städtchen am Ufer ist Locarno.

Literatur: Stumpf 1548; Heim 1882; Heim 1932.

11 | Die ganze Ansicht fasst das Gelände von
Biasca bis nach Locarno zusammen.

4 Der Bergsturz von Plurs 1618

David Herrliberger: Das Städtchen Plurs / Piuro
vor und nach dem Bergsturz von 1618.

Kupferstich, Höhe 15,5 cm; Breite 27,5 cm (Darstellungen
nebeneinander). Zentralbibliothek Zürich, Sign. Italien,
Plurs I, 10.

Unterhalb der heutigen Bergeller Landesgrenze bei
Castasegna GR befand sich bis 1618 das blühende Städtchen Plurs (ital. Piuro), das von 1512 bis 1797 zu Graubünden gehörte. Es war bekannt für viele schöne Bauten,
bewohnt von reichen Kaufleuten und Adligen. Der
Wohlstand rührte vom Speckstein her, dem Lavez, der
oberhalb der Siedlung am Berg Conto abgebaut und zu
Gefässen verarbeitet wurde.

Offenbar hatte ein intensivierter Abbau mit der Zeit
zu Instabilitäten am Berg geführt. Nach dem Unfall
hören wir von Berichterstattern, dass ein Mann, der im
Bergsturzgebiet eine Tanne hatte fällen wollen, sich
wegen des zitternden Bodens zurückgezogen hätte. Seine
Warnungen fanden in Plurs indes nicht nur kein Gehör,
er wurde für seine Meldung sogar verprügelt.

Am 25. August 1618 kam es zur Katastrophe: Der
Berg kam, ganz abrupt in einem nur wenige Minuten
dauernden Sturz. Der Basler Pfarrer Johann Georg Gross
nahm das Unglück zum Anlass einer Predigt, in deren
gedruckter Ausgabe mehrere Berichterstatter zu Worte
kommen. Nach den Worten von Pfarrer Gross haben die
Felsbrocken, die vom Berg herabschossen, «in einem au-
genblick den ganzen flecken überfallen, ja von Grund
auffgehebt, verderbt, verworffen, und also zugericht,
dass zu Sodom und Gomorrha schier nicht schrecklicher
hat sein können».

Das Städtchen Plurs war auf einen Schlag vollständig zerstört. Der Talbach, die Mera, wurde für Stunden
gestaut, so dass sich im talabwärts liegenden Chiavenna
die Bevölkerung bereits in grösster Eile in Sicherheit
brachte, befürchtete man doch einen abrupten Durchbruch und eine Überschwemmung. Glücklicherweise
fand der Bach von selbst einen Ausgang, und das zu-
rückgehaltene Wasser floss langsam ab, ohne grossen
Schaden anzurichten. Rettungsmannschaften, die sofort
an den Unglücksort geschickt wurden, konnten nur wenige, fürchterlich entstellte Tote bergen. Eine Zeitlang
habe man aus den Steinblöcken heraus noch Hilferufe
gehört. Nur wenige Menschen entgingen dem Unglück,
darunter ein Wirt, der gerade in seinem Grotto Wein
holte, und ein Mann, dem durch einen herabstürzenden
Stein der Fuss zermalmt wurde.

Angesichts der wohl 1500 bis 2000 Toten und der
fast vollständigen Zerstörung des blühenden Ortes hat
das Unglück weit herum Aufsehen erregt. Das beweisen
allein die Stiche in den Sammlungen von Merian und
Herrliberger, aber auch Gross' Predigt, die den Vergleich
mit Sodom und Gomorrha nicht scheut. Die offensicht-
lichen Fehler beim Ausbeuten des Berges wurden aber
von den Menschen jener Zeit nicht als Ursache wahrge-
nommen. Viel eher hat man Wohlstand und gutes Leben
in Piuro als lasterhaft gebrandmarkt und den Bergsturz
als gerechte Strafe und als Mahnung an die Sünder der
ganzen Erde erklärt. Der Ort des Schreckens blieb verlassen und wurde bis auf unsere Tage nicht mehr aufgebaut.
Letzte Sondierungen erfolgten noch 1963–66.

Literatur: Gross 1618; Heim 1932.

13 | Der Schauplatz des Bergsturzes von Piuro im Jahr 2006.

5 Die Kanderableitung von 1714

Bauarbeiten am Kanderdurchbruch,
unbekannter Maler, 1712.
Öl auf Leinwand. Höhe 52,6 cm; Breite 71,2 cm.
Historisches Museum Bern, Inv. 5067.

Die Kander ist der wichtigste Fluss im westlichen Berner Oberland. Im Gegensatz zur Aare verläuft sie durch lockeres Gestein und trägt daher grosse Mengen an Geschiebe mit sich. Jedes Sommerunwetter lässt den wilden Bergfluss mächtig anschwellen.

Ursprünglich floss die Kander, nachdem sie sich mit der Simme vereint hatte, über die Thuner Allmend und gegenüber der Zulgmündung in die Aare. Ihr Einzugsgebiet war vergleichbar mit demjenigen der Aare beim Ausfluss aus dem Brienzersee. Während aber die Becken von Brienzer- und Thunersee die Wasserschwankungen der Aare regulierten, floss das Kanderwasser ungehindert und richtete über Jahrhunderte Unheil an. Die Thuner Allmend mit den Dörfern Allmendingen, Uetendorf und Thierachern wurde regelmässig überschwemmt, und beim Zusammenfluss mit der Zulg wurde die Aare oft bis hinauf nach Thun zurückgestaut. Die Hochwasser betrafen auch das Berner Mattequartier – dramatischer als in neuester Zeit – und waren über das Seeland bis in den Aargau hinab bemerkbar.

Der Plan, die Kander in den Thunersee abzuleiten, dürfte aus der betroffenen Gegend stammen; mit grosser Wahrscheinlichkeit stand dazu Samuel Bodmer Pate. Bodmer war Bäcker, Artillerieleutnant, Feldmesser und Schlossherr zu Amsoldingen. Das Projekt von 1699 wurde indessen erst 1711 unter der Leitung von Bodmer in Angriff genommen, trotz heftigem Widerstand der Stadt Thun, die sich zu Recht vor Hochwassern fürchtete. Nach Ausbruch des Zweiten Villmergerkrieges im Sommer 1712 ruhten die Arbeiten und setzten erst in den Jahren 1713/14 unter der Leitung von Architekt Samuel Jenner wieder ein. Ein Stollen schien kostengünstiger als ein Einschnitt und war rasch und ohne Schwierigkeiten vollendet. Nach wenigen Monaten brach dieser jedoch

ein, und mit ihm die Strasse nach Spiez. In kurzer Zeit riss die Kander eine tiefe Schlucht und schüttete das Delta auf. Dabei fanden zwei Schaulustige den Tod.

Jahrelang hatte nun Thun unter reissenden Hochwassern zu leiden, bis die Ergänzungsbauten von 1720–1726 die Stadt vom Schrecken der Kander erlösten. Seit etwa 1970 steht Thun wieder unter erhöhtem Hochwasserdruck. Auch jetzt soll ein Tunnel Abhilfe schaffen, diesmal ein Stollen direkt durch die Stadt.

Die Umleitung der Kander war trotz aller Schwierigkeiten eine Jahrhundertleistung. Sie ist die erste und einzige grössere wasserbautechnische Arbeit der Schweiz in dieser Zeit; alle anderen grossen Wasserbauwerke folgten erst im 19. Jahrhundert. Die Pioniertat wird noch bedeutender, wenn man bedenkt, wie sehr sich die Behörden damit dem Geist der Zeit vor der Aufklärung entgegensetzten und in Gottes Schöpfungswerk eingriffen.

Literatur: Grosjean 1962; Vischer 1986; Vischer/Fankhauser 1990; Vischer 2003.

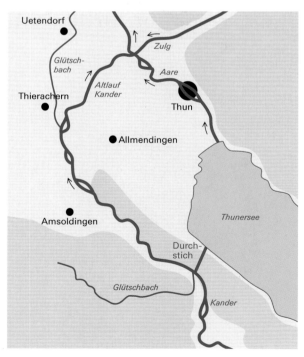

15 | Der alte Lauf der Kander.

6 Internationale Solidarität

Schreiben des eidgenössischen Vororts Zürich
an Biel um Unterstützung der Städte Lindau und
Schwäbisch Hall, 1728.

Stadtarchiv Biel, Gemeineidgenössische Akten, Missiven, 8,
XXXV, Nr. 21.

Die evangelische süddeutsche Stadt Memmingen besass
zu ihrer Reichsstadtzeit bis 1803 einige untertane Dörfer
in der Umgebung. Der Brandwächter, der auf dem Turm
der Stadtkirche Aufsicht hielt, hatte auch diese Dörfer zu
beobachten, aber nur diese und nicht etwa die weiteren,
katholischen Dörfer der Umgebung. Im alten Europa
war es eine Selbstverständlichkeit, dass auch Brandvor-
und -fürsorge stark konfessionell geprägt waren. Die
evangelischen Orte der alten Eidgenossenschaft waren
vor allem im süddeutschen Raum engagiert; Spenden
von Bern gingen aber auch bis nach Hessen oder Sachsen.
Im Stadtarchiv Biel befindet sich eine ganze Reihe von
Dokumenten, die belegen, wie man sich in Brandfällen
unter Konfessionsverwandten gegenseitig aushalf. Die
Anfragen der brandgeschädigten Städte kamen an den
eidgenössischen Vorort Zürich. Dieser leitete die Bitten
an die einzelnen Städte und Stände weiter, die nun selber
zu entscheiden hatten, wie weit sie helfen wollten.

Man kann in diesem System der überregionalen
oder gar internationalen Hilfe so etwas wie einen Vor-
läufer der Rückversicherung sehen. Eine so weitrei-
chende Hilfsaktion wurde kaum für den Brand eines
einzelnen Hauses in die Wege geleitet, aber bei einem
Stadtbrand mit vielen Betroffenen und hohem Schaden
war es sinnvoll, auch jenseits der Landesgrenzen Hilfe
zu suchen. In diesen Dokumenten ist zwar von Gegenseitigkeit nicht die Rede, aber das System hätte sich auf
andere Weise wohl kaum halten können.

Die internationale Hilfe wirkte aber auch als prä-
ventive Sozialpolitik. Seit dem Dreissigjährigen Krieg
überzogen immer wieder Bettlerhorden aus ganz Europa
die Schweiz, die vom Krieg verschont geblieben war und
im Rufe stand, wohlhabend zu sein. Diese Menschen-
ströme waren alles andere als willkommen. Bettelvögte
machten zwar regelmässig Jagd auf fremde Arme, aber
man sah ein, dass das Problem an der Wurzel gepackt
werden müsste. Brandfälle waren nebst den Kriegen ein
Hauptgrund für die Armennot in Europa und die Unterstützung Brandgeschädigter daher ein probates Mittel,
im Ausland wie im eigenen Land der Armut und dem
Bettelwesen vorzubeugen.

Mit dem Aufkommen der Brandversicherungen
und der Rückversicherungen im 19. Jahrhundert verloren
sich diese regelmässigen Bekundungen internationaler
Solidarität. In der Katastrophenhilfe des 20. Jahrhunderts sind sie wieder zur guten Regel der humanitären
Zusammenarbeit geworden, nun aber ohne konfessio-
nelle oder andere Vorbehalte.

17 | Der Brand der Stadt Lindau am Bodensee im Jahr 1728.

Unser Freundlich willig Dienst, sambt was wir Ehren und Gutes vermögen zuvor, Edle, Ehrsame, Fürsichtige, Gelehrt und weiß besonders Guten Freund und gute Nachbarn Lieb Herrn gnaden.

Es kann allein Die annoch, daß Die Reichs-Städte Lindauw und Schwäbisch Hall auch heut Unser H. L. E. und übrige Wohlgelangliche sich gleich Uns Ihren seligen herrn Brand-Schaden wehemüthig berichtet, und um eine Milde beyhülffe angelegentlich gebeten haben; Also haben wir euch Inhalber der dritten wollen, daß wir für Euch sich mit dießen hart beschädigten Leuthen alle Compassion tragen, und auch mit einer Steuer billigen beywohnen geneigt seyn, Zumahlen daß was die Stadt Schwäbisch-Hall anlangt mit Fünf Hundert Gulden in Brand- Wohl- Anzug Rethen Repartiti- on Dießelbe Guttes Thun möchte, wir annengium, in anschlag aber Der Stadt Lindauw hinüber einer Gemüths-Meynung bey Einsendung einer Gutdencken über Die Steuer für Schwäbisch Hall zur Annennum wollen; Zu Deren Erwartung

7 Der Brandfall der reichen und der armen Leute

Schliffscheibe, geschenkt von Barbara Brechtbühler anlässlich der Einweihung eines nach einem Brand neu erbauten Hauses, Raum Bern, 1772.

Glas. Höhe 22 cm, Breite 15,5 cm.
Historisches Museum Bern, Inv. 6572

Schliffscheiben waren Geschenke unter wohlhabenden Nachbarn, auf denen bestimmte Ereignisse und Personen verewigt sind. Im Kanton Bern finden sich ab und zu Schliffscheiben, die auf eine Feuersbrunst hinweisen. Sie erinnerten an geleistete Nachbarschaftshilfe und unterstrichen so eine gewisse Verpflichtung auf Gegenrecht.

Doch welcher Hilfe konnte sich ein armer Mann im Schadensfall versichert wissen? Dazu folgendes Schreiben im Kirchgemeindearchiv von Münchenbuchsee: «Die unterschriebenen bezeugen hiermit, dass dem Hans Schläfli, von Münchenbuchsee dato zu Oltigen wohnhaft, in der Feursbrunst, in der Nacht zwischen dem 4. & 5. Brachmonat [=Juni] 1835… alle sein Viehwahre welche in 3 Geissen 2 Schafen und 2 Schweinen bestunde sämtlich zu Grunde gegangen sey, dieses Zeugnis wird ihm hiermit zugestellt, um es dem E: Gemeindrath zu Münchenbuchsee für eine beliebige Liebesstür vorlegen zu können, Oltigen d. 6. Brachmonat 1835. Bendicht Stämpfli, Albert Tschannen…». Auf der Rückseite dieser Schadensbestätigung wird der Almosner, der Armenpfleger von Münchenbuchsee – Schläflis Heimat-

gemeinde – angewiesen, dem Schläfli 25 Franken auszubezahlen.

Hans Schläfli ist kein grosser Bauernhof verbrannt, nicht einmal Kühe werden erwähnt. Das war ein armer Mann, den das Unglück tiefer in die Not trieb. Er war auf Unterstützung angewiesen, noch mehr als wohlhabende Brandgeschädigte. Bis ins 19. Jahrhundert funktionierte die Unterstützung im Brandfall aufgrund einer freiwilligen Steuer, d. h. eines Beitrags, der von Haus zu Haus oder von Gemeinde zu Gemeinde eingesammelt wurde. Dieses Verfahren beruhte natürlich auf Gegenseitigkeit. Auf einer Brandquittung aus dem Jahre 1762 finden wir die Zusage, «… in erheuschenden [erforderlichen] Fällen ein gleiches wieder zu erstatten», und eine Quittung von 1825 hält fest, «im gleichen Falle… wieder [zu] vergelten».

Selbstverständlich stand es immer auch noch im Ermessen der örtlichen Behörden oder des Rats in Bern, den Geschädigten eine «Beysteuer» auszurichten. Weder Bittgesuche noch Brandsteuern vermochten allerdings eine Versicherungsleistung aufzuwiegen. Wer sich noch im 19. Jahrhundert, in der Zeit der freiwilligen Brandversicherung, auf die hergebrachten Methoden der Schadenstilgung verliess, hatte geringe Chancen, sich aus der Misere zu befreien. Die 25 Franken Brandsteuer aus Münchenbuchsee deckten Hans Schläfli gerade den Verlust der drei Ziegen.

Literatur: Petitmermet 1977.

19 | Brandsteuerbrief für Hans Schläfli, ausgestellt von der Behörde seiner Wohngemeinde Oltigen zuhanden der Heimatgemeinde Münchenbuchsee, 1835.

8 Der Bergsturz von Goldau 1806

J. S. Weibel: «Goldau, 1806 verschüttet,
im Hintergrund der Rossberg».
Kolorierte Aquatinta. Höhe 40 cm, Breite 56 cm.
Historisches Museum Bern, Inv. 21180.

Am 2. September 1806 rutschte eine Nagelfluhplatte vom Schwyzer Rossberg zu Tal und zerstörte die Dörfer Goldau, Röthen und Buosigen sowie Teile des Dorfes Lauerz. Schon früher hatte es kleinere Zwischenfälle gegeben, aber in diesem Umfang war der Bergsturz nicht vorhersehbar gewesen. Er brandete sogar auf der Gegenseite des Tals am Hang der Rigi wieder empor, und die Flutwellen des Lauerzersees verursachten weiteren Schaden. An eine Flucht war nicht zu denken: Nach heutigen Schätzungen hatte der Berg in höchstens vier Minuten sein Werk vollendet. 457 Menschen wurden getötet, darunter eine 7-köpfige Reisepartie aus Bern; mehr als 200 Überlebende verloren ihr Obdach, 102 Wohnhäuser und 220 Ställe waren zerstört.

Die Ursache lag in den Vorgaben der Natur: Unter der Nagelfluhplatte befand sich eine Mergelschicht, die in den nassen Jahren 1804–1806 vom Wasser durchtränkt worden war. Auf dieser glitt das Gestein ab. Es war der erste derartig grosse Bergsturz seit fast 200 Jahren in der Schweiz; die Ereignisse von Piuro 1618 (Kat. 4) waren fast vergessen. Entsprechend gross war das Aufsehen, das diese Katastrophe nun erregte: Einige Kantone, darunter Zürich, Bern, Luzern und Zug reagierten, noch bevor die Schwyzer Regierung sich gefasst hatte. Die rasche Reaktion des doch eigentlich recht entfernten Bern war Folge der Betroffenheit über den Tod der Berner Reisenden.

Während einiger Wochen leisteten auch ausserkantonale Hilfsmannschaften Hilfe bei den ersten Arbeiten. Zwar konnten nur wenige Menschen am Rand der Schuttmassen gerettet werden, aber es galt, in aller Eile gestaute Bäche abzuleiten, um Überschwemmungen zu verhindern, und Wege und Strassen zu erstellen. Die höchste Stelle einer Strasse, die von Berner Helfern gebaut wurde, heisst bis heute «Berner Höhe».

Kaum hatte man in Schwyz den Umfang der Schäden erkannt, wurden die Kantone zu solidarischer Hilfe aufgerufen. Auf die Dauer wollte man allerdings nicht mit fremden Arbeitern wirken, da Unterbringung und Versorgung neue Probleme stellten. Zudem war es ein Anliegen der Behörden, die Hilfsgelder in Form von Arbeitslöhnen möglichst im Kanton zu behalten.

Um den bald erlahmenden Geldstrom wieder zu aktivieren, erliess der Landammann der Schweiz, der Basler Ratsherr Andreas Merian, einen erneuten Hilferuf. In seinem Appell beschwor er das Zusammengehörigkeitsgefühl der Schweizer und betonte, wie sehr diese Sammlung auch die Einheit des Landes fördern würde. Dank Merians Aufruf waren erstmals alle Kantone der Schweiz an einer Katastrophenhilfe beteiligt. Die Hilfe für Goldau ist ein Meilenstein auf dem Weg zur modernen Schweiz, denn sie bildet den Auftakt zu gesamtschweizerischer Solidarität.

Literatur: Heim 1882; Heim 1932; Zehnder 1988;
Fässler A. 2002; Hürlimann 2006.

21 | J. S. Weibel, «Goldau, 1806 verschüttet, im Hintergrund der Lowerzersee». Kolorierte Aquatinta. Historisches Museum Bern, Inv. 21181.

9 Die Gründung der ersten Brandversicherung 1806

«Verordnung zu Errichtung einer allgemeinen Brand-Versicherungs-Anstalt für den Canton Bern», Bern 1806, Titelblatt.

Staatsarchiv Bern, BB IV, 1404.

Nach fast zwei Jahrzehnten Vorbereitungszeit hatte das Projekt einer Berner Brandversicherung endlich feste und praktikable Formen angenommen und wurde am 28. Mai 1806 durch den Grossen Rat genehmigt. Wer nun eine schmucke, feierliche Gründungsurkunde erwartet, sieht sich getäuscht. Neben den im Folgejahr gedruckten Gesetzen und Dekreten erschien im Gründungsjahr eine kleine Schrift, die wir als die Geburtsurkunde der neuen «Anstalt», wie man damals sagte, bezeichnen können.

Die «Verordnung zu Errichtung einer allgemeinen Brand-Versicherungs-Anstalt für den Canton Bern» demonstriert republikanische Zurückhaltung, getreu dem Motto «mehr sein als scheinen». Alle Staatsakte dieser Zeit wurden so unscheinbar vollzogen und veröffentlicht; die Verfassung von 1815, die «Urkundliche Erklärung», sieht noch bescheidener aus. Dieser karge Stil drückt aus, wie die damaligen Behörden auf Mässigung und Sparsamkeit pochten, um sich vom napoleonischen Pomp der Epoche zu unterscheiden. Bei der Versicherung suchte man erst recht jeglichen Prunk zu vermeiden. Würde man später scheitern, wollte man sich auf keinen Fall dem Vorwurf aussetzen, Staatsgelder verschleudert zu haben.

Die kleine Schrift erklärt in 46 Paragraphen das Funktionieren der Versicherung und die Teilnahmebedingungen. Der Eintritt war freiwillig, wer aber beitrat, musste sich für die ganze Probezeit von 25 Jahren, also bis 1831, verpflichten. Spätere Eintritte oder Änderungen in der Schatzung waren möglich. Das Reglement enthält auch einen Passus, der der Unbill der Zeit entsprang: Kriegsbedingte Feuersbrünste waren eingeschlossen. Ganz besonders bemerkenswert ist, dass die Regierung die Auszahlungen bevorschusste. Die Jahresprämien wurden erst am Ende des Geschäftsjahres, nach öffentlicher Publikation aller Schäden, nach Versicherten aufgeschlüsselt und im Januar des Folgejahres eingezogen. Nur so konnte man der Skepsis, vor allem auf dem Lande, entgegenwirken. Auch Prävention war indirekt schon vorgesehen, indem sich die Regierung verpflichtete, das Löschwesen zu fördern. Endlich sollten vom 1. Januar 1807 an keine Steuer-, d. h. Sammlungsbewilligungen mehr von der Regierung erteilt werden.

Im November 1806 stellte der Berner Grosse Rat fest, dass genügend Anmeldungen eingegangen waren. Damit erhielt die Brandversicherungsanstalt grünes Licht für die Aufnahme ihrer Aktivitäten ab 1. Januar 1807.

Literatur: Festschrift 1908; Brandversicherungsanstalt 1957.

23 | Quittung von 1821 für einen «Brand-Versicherungs-Beytrag» von 3 Batzen (gleich 30 Rappen). 1822 kostete ein Pfund Brot 10 Rappen.

Verordnung

zu Errichtung

einer

allgemeinen

Brand = Versicherungs = Anstalt

für den Canton Bern.

Gegeben den 28sten May 1806.

Bern,

gedruckt bey Gottlieb Stämpfli, obrigkeitl. Buchdrucker.

1 8 0 6.

10   Der Brand von Huttwil 1834

«Huttwils Brandstätte am Morgen des
9. Juni 1834… Ein Teil des Ertrags ist für die
Brandgeschädigten bestimmt».
Lithographie. Höhe 20,1 cm; Breite 29,1 cm.
Historisches Museum Bern, Inv. 7407.

Drei Mal wurde Huttwil von Dorfbränden heimgesucht, nämlich in den Jahren 1340, 1537 und 1834. Über den Brand von 1834 sind wir besonders ausführlich informiert. Nach einer langen Trockenperiode schlug bei einem Hitzegewitter ein Blitz in eine Scheune. Wohl war das Zentrum des Städtchens massiv gebaut, doch die umliegenden Gebäude noch alle aus Holz und mit Schindeln gedeckt. Bemerkenswert rasch waren die Feuerwehren der Umgebung zur Stelle, 30 Spritzen waren im Einsatz. Doch das Feuer griff rasch um sich, und in einer halben Stunde brannte das ganze Städtchen lichterloh, auch das steinerne Zentrum samt Kirche und Pfarrhaus. In zwei Stunden hatte der rasende Brand sein Werk vollbracht: 30 Häuser, 15 Scheunen und die Kirche fielen den Flammen zum Opfer.

25 | Der Taufstein in der Kirche Huttwil trägt die Inschrift: «Die vielgeprüften Bürger von Frutigen ihren Unglücksgenossen von Huttwyl den 9. Juni 1834».

Der gesamte Brandschaden wurde auf 299 000 Franken beziffert. Davon waren nur etwa 50 Prozent freiwillig versichert. Hilfsbeiträge in Form von freiwilligen Brandsteuern kamen vor allem aus der Umgebung von Huttwil und aus den Städten. Bemerkenswert sind die Zahlungen aus dem Seeland: Noch immer wirkte hier der Gedanke der freiwilligen Solidarität, war doch das Seeland wegen der häufigen Überschwemmungen regelmässig selbst auf Unterstützung angewiesen. Diese Steuern deckten den für diese Zeit üblichen Anteil von 14 Prozent der Schäden; 36 Prozent blieben ungedeckt.

Versichert war vorwiegend die Oberschicht. Wer nicht Hausbesitzer war, verfügte meistens auch nicht über eine Mobiliarversicherung; die Ärmsten des Dorfes waren ohne Hab und Gut. Über einige Jahre hinweg wurde nach dem Brand über die Verteilung der Brandsteuern gestritten. Die Naturalien gingen vorzugsweise an die ärmsten Bewohner. Doch wie sollten die Geldspenden verteilt werden? Mit oder ohne Berücksichtigung der Versicherungsleistungen? Das Reglement der Brandversicherung von 1806 (Kat. 9) sah vor, dass, wer die Chance der Versicherung nicht ergriffen hatte, von den öffentlichen Beiträgen ausgeschlossen sein sollte. Schliesslich einigte man sich darauf, dass die Versicherungsbeiträge zur Hälfte berücksichtigt und somit die Armen verstärkt unterstützt wurden. Dennoch war die Bevölkerung des Städtchens über Jahre hinaus gespalten. Erst als man 15 Jahre nach dem Brand Restgelder verteilte und abrechnete, wurde die leidige Frage der Spendenverteilung endgültig gelöst.

Im Rahmen des Neuaufbaus wirbelte noch ein anderes Problem viel Staub auf: der Neubau der Kirche. Hier siegten die Konservativen. Der Neubau erfolgte in der alten Ausrichtung schräg zum Strassenverlauf. Die Kirchenglocken wurden vom Kanton subventioniert; den Taufstein spendete die Gemeinde Frutigen, die sieben Jahre vor Huttwil ein Raub der Flammen geworden war.

Literatur: Rettenmund 1984.

11 Die Wassernot im Emmental von 1837

Aus dem Bernerland. Sechs Erzählungen
von Jeremias Gotthelf, Berlin 1872, illustriert
von Gustave Roux.
Schweizerische Landesbibliothek.

Seit dem 15. Jahrhundert nahm die Bevölkerung im Emmental stark zu. Um Land zu gewinnen, wurden immer mehr Wälder gerodet und die Auenlandschaften in den Schachen urbar gemacht. Im 19. Jahrhundert endlich wurden die Wälder für industrielle Zwecke übernutzt. Damit waren die Voraussetzungen für umfangreiche Unwetterschäden gegeben. Gegen zehn Hochwasser sind allein für das 18. Jahrhundert bekannt. Bereits 1764 wird ein «Jahrhunderthochwasser» erwähnt, das aber 1837 noch übertroffen werden sollte. Wir sind darüber durch die zeitgenössische Presse und Jeremias Gotthelfs Erzählung «Wassernot im Emmental» informiert.

Am Nachmittag des 13. August 1837 ging an der Honegg im Einzugsgebiet des Rötenbachs ein aussergewöhnlich heftiges Gewitter nieder. Weil der Boden von den Niederschlägen des Vortags schon gesättigt war, rutschten im Gebiet des Schallenbergpasses mehrere Geländepartien ab und stauten stellenweise den Rötenbach. Nach dem Durchbruch des Wassers beförderte der Bach eine Schlamm- und Wassermasse von bisher unbekannten Ausmassen. Im Eggiwil, vor dem Zusammenfluss mit der Emme, brachte der Bach 300 Kubikmeter Wasser pro Sekunde anstelle der üblichen 2 Kubikmeter. Emme und Ilfis waren auch angeschwollen, und so strömte eine verheerende Flut durch das Emmental Richtung Solothurn, riss Brücken fort, zerstörte Mühlen und Sägewerke und brach Dämme. Besonders verheerend wirkte das mitgeführte Schwemmholz wie entwurzelte Tannen und gelagerte Stämme der Holzhändler. Die Folgen waren über den Zusammenfluss mit der Aare hinaus bemerkbar: Im Aargau wurde ein Teil der Schüpbachbrücke von Signau gefunden.

Am grössten war der Schaden in den flussnahen Gegenden. Hier traf er die ärmsten Menschen, die Bewohner der Schachen, deren Häuschen eingerissen und samt dem armseligen Hausrat fortgeschwemmt wurden. Zwar waren nur drei Tote zu beklagen, aber das Hochwasser hatte einen riesigen Schaden angerichtet, der von keiner Versicherung gedeckt wurde. Die freiwilligen Sammlungen ergaben eine «Steuer» von ca. 60 000 Franken, die möglichst sozial verteilt wurden. Dass dabei nicht alle gleichermassen befriedigt wurden und Streit und Neid an der Tagesordnung waren, darf nicht weiter verwundern. Es wurde sogar um Schwemmholz gestritten, und das geborgene Handelsholz wurde bisweilen von fünf Holzhändlern gleichzeitig beansprucht. Die letzten Schäden waren erst im Frühjahr 1838 getilgt. Der Hochwasserstand der Emme von 1837 ist bis heute nicht wieder erreicht worden.

Literatur: Reber 2000; Gotthelf 2004; Weingartner/Reist 2004; Holl 2004.

27 | Hinweis auf ein Dauerproblem im Emmental: Hochwassermarke bei Rüegsauschachen.

12 Brandbekämpfung in alter Zeit

Hinkender Bot auf das Jahr 1848:
Brand in Dachsfelden (Tavannes) 1846.
Schweizerische Landesbibliothek.

Dramatisch muss es am 15. September 1846 in Tavannes zugegangen sein, als das Gasthaus «Couronne» in Flammen aufging: Frauen springen, zum Teil in brennenden Kleidern, aus dem Fenster, andere rufen um Hilfe, Mobiliar wird geborgen. Eine Feuerspritze ist bereits in Aktion, eine zweite trifft eben ein; alles wird mit Muskelkraft bewegt. Im Hintergrund kommt weitere Hilfe mit Feuereimern. Das Kalenderbild spricht eine deutliche Sprache über die primitive Löschtechnik bis in die Mitte des 19. Jahrhunderts.

Auf dem Bild vom Berner Stadtbrand von 1405 (Kat. 2) sehen wir, dass einzig mit Eimern Wasser ins Feuer geschüttet werden konnte. Wo möglich, versuchte man mit Leitern Höhe zu gewinnen, aber die Hitze und die Gefahr, dass die Leitern selber brennen könnten, setzten Grenzen. Daneben waren lediglich Handfeuerspritzen bekannt, welche wie grössere Klistierspritzen funktionierten.

Erste Feuerspritzen mit grösserer Reichweite sind 1517 in Augsburg belegt. Sie wurden mit Hebelstangen über einen Gelenkmechanismus betrieben und standen auf Kufen oder bereits auf Rädern. Sie hatten aber nur ein starres Wendrohr und keine Schläuche. Damit konnte man das Wasser bestenfalls gegen Fassaden richten, aber nicht in brennende Gebäude hinein. Erst am Ende des 17. Jahrhunderts und zuerst in Amsterdam brachten Hanfschläuche zwischen Pumpe und Wendrohr eine bedeutende Steigerung des Wirkungskreises. Im 18. Jahrhundert schafften dann viele Gemeinden eine eigene Feuerspritze an. Auch der Staat Bern war sehr darum besorgt, dass zumindest an den Orten, wo er über eigene Domänen verfügte, eine neue Spritze bereit gestellt wurde. Zwischen 1740 und 1770 wurde jeder Landvogteisitz mit einer Feuerspritze und Lederschläuchen ausgestattet.

Ein Problem für sich war die Wasserversorgung. Viele Brandberichte enthalten die Klage, wie rasch die Brunnen erschöpft waren, und wie die Bäche ausgerechnet in der heissen Jahreszeit, wenn es am häufigsten brannte, versiegten. Während erst im 19. Jahrhundert dank Metallrohren Hydrantenleitungen gebaut werden konnten, entstanden doch schon im 18. Jahrhundert erste Geräte, die gleichzeitig Wasser anpumpen und spritzen konnten (vgl. Abb. S. 5). Damit hätte man auf die Feuereimer und die Eimerketten der Bürger verzichten können, doch war die Innovation nicht so schnell in den kleineren Städten und Dörfern eingeführt. Viele Museumssammlungen haben grosse Bestände von Eimern aus dem 19. Jahrhundert, was beweist, wie langsam die moderne Feuerwehrtechnik in unseren Gegenden Fuss fasste. 1829 soll die erste Dampfspritze entwickelt worden sein. Aber davon ist 17 Jahre später in Tavannes noch nichts zu sehen.

Literatur: Magirus 1877.

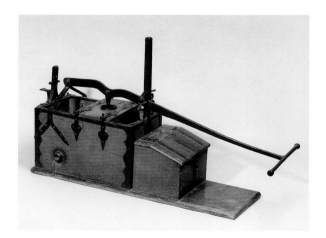

29 | «Münster No 30»: eine der Wasserspritzen aus dem Berner Münster, um 1780. – Historisches Museum Bern, Inv. 14498.

Das Brandunglück von Dachsfelden.

30 | Kat. 12

13 Grimsel-Hospiz und andere Hotelbrände

Das alte Grimselhospiz, ca. 1849.

Kolorierte Aquatinta von R. Dikenmann. Höhe 11,8 cm;
Breite 15,5 cm. Historisches Museum Bern, Inv. 26976.

Das alte Hospiz am Grimselpass ist seit dem 13. Jahrhundert bekannt. 1926 versank es in den Fluten des Grimselsees. Über Jahrhunderte diente es dem Saumverkehr und Reisenden als zwar komfortlose, aber bitter nötige Rast- und Übernachtungsstätte inmitten einer unendlichen Wildnis.

Zum Geschäft wurde das Hospiz erst, als vom Ende des 18. Jahrhunderts an immer mehr Touristen hier um Unterkunft nachsuchten. Der Pächter Zybach erkannte die Gunst der Stunde und baute das Hospiz auf eigene Kosten grosszügig aus. Der gute Geschäftsgang erweckte Neid, und die Pacht wurde gekündigt. Zybach sah sich nicht nur um sein Geschäft geprellt, sondern auch mit der Aussicht konfrontiert, seine privaten Investitionen zu verlieren. In seiner Verzweiflung legte er 1852 Feuer an sein Werk. Der Täter wurde jedoch rasch entlarvt und vor Gericht gestellt. Das zunächst verhängte Todesurteil wurde in 20 Jahre Landesverweisung umgewandelt.

Hotelbrände, zumal in den neuen Touristengebieten der Alpen, sind ein verbreitetes Phänomen, vor allem in der Pionierphase des Hotelbaus zwischen 1850 und 1914, aber auch noch darüber hinaus. Allein im Kanton Bern finden wir folgende Beispiele: 1874 Blumenstein Bad, 1880 Kurzenberg, Schlegwegbad, 1883 Giessbach, 1898 Weissenburg, äusseres Bad, 1901 Bad Reichenbach bei Meiringen, 1902 Gurnigel, 1914 Krattigen, Hotel National, 1923 Weissenburg, inneres Bad, 1926 Hotels und Scheune in Mürren, 1932 Heustrich, 1941 Grindelwald, Hotel Bär, 1947 Adelboden, Grand Hotel, 1951 Niederbipp, Löwen.

In den meisten Fällen folgte auf den Brand ein Wiederaufbau, grösser, schöner und komfortabler. Die Brandursachen waren in der Regel unvorsichtiger Umgang mit dem Feuer und der Beleuchtung. Präventivmassnahmen fehlten natürlich vollständig. Aber es gab auch andere Gründe: War beim Grimselhospiz die Brandstiftung aktenkundig, so wurden in einigen anderen Fällen zumindest Vermutungen in diese Richtung angestellt. Die Möglichkeit, eine Hotelmodernisierung mit Geldern der Brandversicherung zu finanzieren, lag zu offensichtlich auf der Hand, als dass nicht da oder dort ein Besitzer der Versuchung hätte erliegen können. Allfälligen Tätern kam der Umstand zugute, dass Hotelbrände meist Grossbrände waren, bei denen es sehr schwierig war, die Brandursache definitiv zu klären.

31 | Das neu und grösser aufgebaute Grimselhospiz, ca. 1860.

14 Der Brand von Glarus 1861

Der Brand von Glarus.
J. Aebli, 1862.
Staatsarchiv Glarus.

Seit dem Mittelalter existierten in Glarus rigorose Vorschriften über den Umgang mit Feuer und Licht. Blies der Föhn, wurden Föhnwachen aufgestellt, ein Feuerungsverbot trat in Kraft und alles Schiessen, militärisch wie zivil, wurde untersagt. Diesen Vorkehrungen mag es zu verdanken sein, dass nach den Stadtbränden von 1299, 1337 und 1477 Glarus über Jahrhunderte von grossen Feuern verschont blieb.

Die Einschränkungen scheinen manche Bürger gestört zu haben. Die an der Landsgemeinde vom 9. Mai 1861 beantragten Erleichterungen wurden aber abgelehnt. Nur 36 Stunden später loderten Flammen aus einem Schuppen neben dem Haus des Ratsherrn Tschudi; in kurzer Zeit brannte der ganze Ort. Der Föhn hatte leichtes Spiel, und obwohl die Feuerwehren der Umgebung rasch zur Stelle waren, konnten sie wie meistens nur noch das Übergreifen des Flammenmeers auf die Aussenquartiere verhindern. 500 von 700 Häusern verbrannten, 3000 von 4800 Einwohner waren obdachlos. In den Flammen verloren zwar nur zwei Menschen ihr Leben, aber einige weitere erlagen in den folgenden Tagen den übermässigen Strapazen.

Die Schäden bewegten sich in bisher unbekannten Dimensionen: 4,5 Mio an Gebäuden, 4,1 Mio für Mobiliar – auf die heutige Kaufkraft übertragen würde dies ungefähr einer Milliarde entsprechen. Die kantonale Brandkasse verfügte über eine Reserve von nur etwa einer halben Million, sollte aber auf einen Schlag 2,6 Mio Franken auszahlen. Um alle Verpflichtungen zu erfüllen, musste das Land Glarus einen Kredit aufnehmen und über Jahre verzinsen und amortisieren.

Über die Landesgrenzen hinaus wurde eine Sammelkampagne eingeleitet; in drei Aufrufen – durch das «Hülfskomite», das Land Glarus und die Schweizerische Gemeinnützige Gesellschaft – wurde an Erbarmen und christliche Nächstenliebe appelliert und die «getreuen lieben Eidgenossen» zu vaterländischer Solidarität ermahnt. Versicherungsleistungen und Hilfsgelder vermochten nicht, den Schaden zu decken. Die Lücken trugen vor allem wohlhabende Bürger, die keine Hilfsleistungen in Anspruch nehmen durften.

In der Geschichte der Brandversicherungen ist der Brand von Glarus daher eine wichtige Etappe. Fachleute waren sich einig, dass zur Deckung derart grosser Risiken geeignete Massnahmen dringend nötig waren. Heftig griff ein Privatversicherer das schweizerische System der monopolistischen kantonalen Kassen an und plädierte für eine Risikoverteilung. Man müsse die Obligatorien und Monopole aufheben und die Brandversicherung internationalen privaten Unternehmen mit grosser Risikostreuung übergeben. So weit kam es nicht, aber die Errichtung einer Rückversicherung war unumgänglich. 1863 entstand in Zürich die «Schweizerische Rückversicherungs-Gesellschaft», seit 1999 «Swiss Re». Sie ist heute weltweit die grösste ihrer Art.

Literatur: Senn 1861; Tschudi 1862; Fässler M. 2002.

33 | Gedenkmedaille auf den grossen Brand von Glarus 1861.
Jacob Sieber, Bronze, Dm 54,7 mm, Historisches Museum Bern,
Inv. MS 1089.

15 Die erste Juragewässerkorrektion 1869–1886

«General Charte der Jura Gewässer» 1:50 000.
Ausschnitt Bieler See und Grosses Moos.
Faksimile der Manuskriptkarte von 1816/17. Cartographica
Helvetica, Murten.

Zwischen Murtensee, Büren a.d. Aare und Solothurn
dehnt sich eine für schweizerische Verhältnisse riesige
Ebene aus. Hier treffen die Wasser aus Aare, Saane,
Sense, Broye, Zihl und Emme aufeinander. Regelmässig
wiederkehrende Überschwemmungen sind seit dem
15. Jahrhundert belegt, denn bei dem geringen Gefälle
konnten die grossen Wassermengen nicht schnell genug
abfliessen.

Die Ebene westlich von Büren, «Grosses Moos» ge-
nannt, erlaubte eine menschliche Besiedelung und Nutzung nur mit grössten Risiken; alle Kirchdörfer lagen
deshalb erhöht. Die landwirtschaftliche Nutzung be-
schränkte sich weitgehend auf Heuernte und Weidgang
und wurde immer wieder von katastrophalen Überschwemmungen unterbrochen. Zwischen 1707 und 1833
wurden mehrere Korrekturen vorgeschlagen, aber erst
das energische Eingreifen des Nidauer Arztes Johann Ru-
dolf Schneider führte zu zielstrebigem Handeln.

Zwischen 1840 und 1863 entstand das Projekt der
Ingenieure La Nicca und Bridel, das nach Absicherung
der Finanzierung in den Jahren 1869–1886 in die Tat um-
gesetzt wurde. Es umfasste im Wesentlichen die folgenden Arbeiten: Ableitung der Aare von Aarberg in den
Bielersee (Hagneckkanal), Fassung der Zihl zwischen
Nidau und Büren (Nidau-Büren-Kanal), Kanalisation
der Broye vom Murten- zum Neuenburgersee und der
Zihl vom Neuenburger- in den Bielersee. Ausserdem
wurden 82 km Kanäle zur Entsumpfung von 55 km² wert-
vollem Landwirtschaftsboden erstellt. Die Absenkung
der Seespiegel liess die Petersinsel im Bielersee zur Halb-
insel werden, und trocken gelegte Seeuferzonen brachten
der archäologischen Forschung reiche Erkenntnisse.

Damit war ein umfangreiches Wasserrückhaltesy-
stem geschaffen. Da sich aber der Boden des Grossen
Mooses im Verlaufe der Jahrzehnte senkte, war eine
Nachbesserung nötig. Im 20. Jahrhundert kam es bei
Hochwasser erneut zu Überschwemmungen, so 1944,
1950, 1952 und 1955. Bei der Brandversicherung wurde
bald auf die zunehmenden Schäden hingewiesen. Die
zweite Juragewässerkorrektion erfolgte in den Jahren
1962–1973. Sie verbesserte den Wasseraustausch zwischen
den drei Seen, erhöhte die Abflusskapazität in Port bei
Biel und umfasste Massnahmen an der Aare zwischen
Biel und Solothurn.

Literatur: Aerni 1980; Wyss/Rey/Müller 2002.

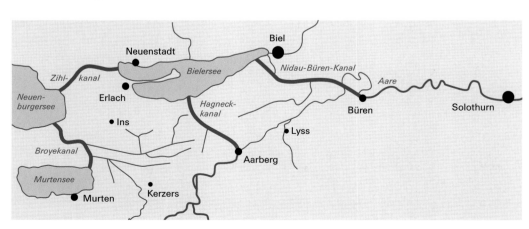

35 | Die Gewässer des Seelandes nach der ersten Korrektion.

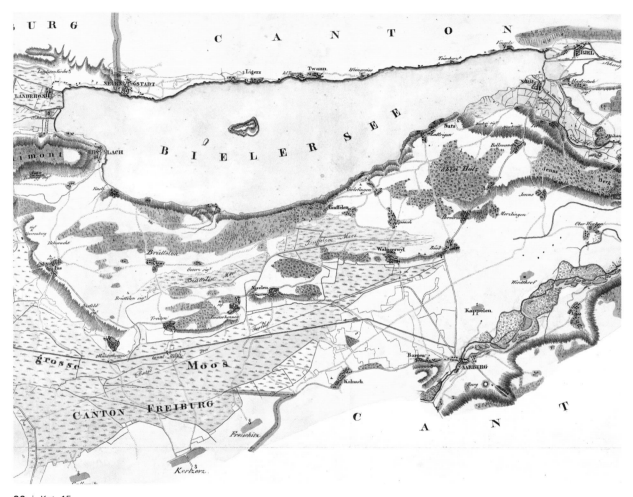

16 Der Bergsturz von Elm 1881

«Elm am Tage nach dem Bergsturz vom
11. Sept. 1881».

Kolorierte Lithographie. Höhe 33,5 cm; Breite 43 cm.
Ein Teil des Ertrags war für die Geschädigten bestimmt.
Historisches Museum Bern, Inv. 50279.

Im Glarnerland wurde seit dem 16. Jahrhundert Schiefer abgebaut, am Tschingelberg in Elm allerdings erst ab 1868. Die Gewinnung von Schiefer, den man zu Schreibtafeln und Griffeln verarbeitete, wurde intensiviert, um der Bevölkerung Erwerb zu verschaffen. Die Leitung des Unternehmens lag bei einheimischen, im Bergbau wenig qualifizierten Personen. Obwohl seit geraumer Zeit Risse im Gelände zu erkennen waren, blieb man aus Kostengründen beim Tagebau. Warnende Stimmen wurden noch kurz vor der Katastrophe überhört. Der unsachgemässe Abbau konnte nicht ohne Folgen bleiben.

Der Bergsturz kam denn auch nicht unerwartet: Erst weiteten sich die Risse aus, später war ein lautes

Rumpeln zu hören. Schliesslich rollten einzelne Steine herunter, aber die Bevölkerung wollte die Zeichen nicht wahr haben. Zuerst sorgte man sich um den Verdienst; später, als die Gefahr gross und der Abbau eingestellt war, begaben sich dennoch viele Menschen in die Gefahrenzone. Man erwartete kleinere Abbrüche und wollte sich mit den Aufräumarbeiten etwas Geld verdienen.

Am 11. September 1881 kam der Berg: Innerhalb von zwanzig Minuten begrub er in drei Schüben 114 Menschen und 83 Gebäude unter sich. Nach dem zweiten Abbruch hatten die nahe stehenden Schaulustigen die Flucht in die falsche Richtung ergriffen. Sie wurden vom dritten Sturz eingeholt, welcher nicht mehr als 45 Sekunden dauerte und auf der anderen Talseite wieder in die Höhe stieg.

Die Ursache für diesen Bergsturz war offensichtlich. Sie lag im unsachgemässen Schieferabbau, war also menschliches Verschulden. Um aber die Spendefreudigkeit des Publikums nicht zu schmälern, wurde in den Unfallberichten und auf der Suche nach Hilfsgeldern die menschliche Verantwortung heruntergespielt und die schicksalhafte Unberechenbarkeit der Natur beschworen. Auch sollten die Verantwortlichen geschont werden. In Plurs war 1618 ein vergleichbares Unglück mit dem Laster der Menschen und dem Zorn Gottes erklärt worden (Kat. 4). In Elm aber wollte man ganz einfach nicht wahr haben, was nicht wahr sein durfte.

Eine Elementarschadenversicherung gab es nicht; der errechnete Gesamtschaden von 1,35 Mio Franken war ungedeckt. Eine Sammlung in der ganzen Schweiz und über die Landesgrenzen hinaus ermöglichte, dass den Geschädigten je nach Vermögenslage zwischen 60 und 80 Prozent ihres Schadens vergütet werden konnte.

Und noch ein weiteres Element kennzeichnet die Ereignisse in Elm: Die eben erst eröffnete Bahn nach Schwanden erlaubte «Katastrophentourismus». Am nachfolgenden Sonntag erschienen über 4000 Schaulustige an der Unglücksstelle. Diesem Grossverkehr fielen zwei weitere Menschen zum Opfer.

Literatur: Heim 1882; Heim 1932; Bläuer 2002.

37 | Karte des Bergsturzgebiets von Elm im Kanton Glarus.

17 Der Brand von Meiringen 1891

Dorfbrand von Meiringen, unbekannter Maler.
Öl auf Leinwand. Höhe 123 cm, Breite 185 cm.
Museum für Kommunikation, Bern, Inv. Art 136.

In der Pionierzeit des Tourismus war Meiringen neben Interlaken die Drehscheibe des oberländischen Fremdenverkehrs. Bekannt war es nicht nur wegen seiner Wasserfälle, sondern auch für sein idyllisches Dorfbild, das von dicht aneinander gedrängten Holzhäusern geprägt war. Zwei Dorfbrände sollten dieses Bild radikal ändern. Bereits 1879 hatte ein Brand erheblichen Schaden angerichtet. Das Dorf wurde im ortsüblichen Stil wieder aufgebaut, doch richtete man bereits ein Hydrantennetz ein.

Am 25. Oktober 1891 brach bei stürmischer Föhnlage im Ortsteil Stein ein Feuer aus, das in weniger als einem halben Tag nicht nur den Grossteil des Dorfes, sondern auch die benachbarten Weiler Isenbolgen und Hausen vernichtete. Angesichts der hölzernen Bausubstanz waren die Feuerwehren ohnmächtig. Der Föhnsturm war so stark, dass man eine Zeit lang sogar um die recht weit entfernten Dörfer Brienzwiler und Brienz fürchtete. Verkohlte Papierstücke wurden später noch in Därligen am Thunersee gefunden. Die Brandstätte soll «wie ein zweites Pompeji» ausgesehen haben.

Der Brand von Meiringen ist der grösste Dorfbrand in Berns Geschichte, der zweitgrösste nach dem Stadtbrand von Bern 1405 (Kat. 2): 183 Gebäude wurden zerstört, 854 Menschen wurden obdachlos, ein Toter war zu beklagen. Sofort konstituierte sich ein «Hülfscomite», denn die Zeit drängte angesichts des bevorstehenden Winters. Die reichlich eintreffenden Naturalgaben waren rasch und gerecht aufzuteilen. Allein am 30. Oktober kamen 980 Pakete in Meiringen an; ein «Frauencomite» verteilte die Kleider. 164 Personen, die meisten davon Kinder, wurden für Monate auswärts untergebracht.

Zur momentanen Not gesellte sich die Sorge um den Wiederaufbau. Auch in Meiringen trat eine gravierende Unterversicherung zu Tage: Der Immobilienschaden wurde auf 1,7 Mio Franken geschätzt, versichert waren aber, trotz Versicherungsobligatorium, nur 1,5 Mio Franken. Beim mobilen Gut war gar nur die Hälfte des Schadens von 1,2 Mio Franken versichert.

Ein Teil der Fehlbeträge wurde durch Sammlungen gedeckt. Im Jubiläumsjahr der Eidgenossenschaft war Solidarität gross geschrieben. Die Durchführung der Geldsammlungen für die in diesem Jahr brandgeschädigten Orte Meiringen, Rebstein SG, Ladir GR und Sclamischot GR hatte das Eidgenössische Departement des Innern der Schweizerischen Gemeinnützigen Gesellschaft übertragen. Am Schluss konnte das «Hülfscomite» allein in Meiringen 449 000 Franken übergeben.

Dem Wiederaufbau wurden bereits Anfang 1892 strenge Regeln gesetzt: Es durften nur Häuser mit massiven Aussenmauern und Hartdach erstellt werden, und die verbleibenden Schindeldächer mussten innerhalb von fünf Jahren verschwinden. Heute präsentiert sich das Dorfbild von Meiringen als faszinierendes ländlichstädtisch durchmischtes Ensemble.

Literatur: Brand 1893; Maurer 1999; Fässler M. 2002.

39 | Die Ruinen von Meiringen nach dem Brand vom 25. Oktober 1891.

40 | Kat. 17

18 Effiziente Brandbekämpfung

Feuerspritze der Firma Schenk, Worblaufen, 1863.

Länge fest 522 cm, mit Stangen 780 cm; Höhe 215 cm;
Breite 165 cm. Historisches Museum Bern, Inv. 42555.

In der ersten Hälfte des 19. Jahrhunderts hatte das Feuerwehrwesen vor allem in Deutschland grosse Fortschritte gemacht. In der Schweiz, wo das Brandwesen in der Zuständigkeit der Gemeinden liegt, kam es zuerst nur in den städtischen Gebieten zu Verbesserungen. Im Kanton Bern hätte schon ab 1819 jede Gemeinde eine Feuerspritze haben sollen, aber die ländlichen Gebiete folgten der Auflage mit erheblicher Verzögerung. Die Gründe lagen in den Finanzen, aber auch in der konservativen Mentalität. Der technische Rückstand, der das Feuerwehrwesen der Schweiz noch um die Jahrhundertmitte prägte, wurde dank staatlicher Interventionen, etwa im Bereich der Baureglemente, und mit Hilfe von Subventionen durch die Brandversicherungen gegen Ende des 19. Jahrhunderts rasch aufgeholt. Bis um das Jahr 1900 war die Schweiz im internationalen Vergleich hervorragend gegen Brände gerüstet.

Einen massgeblichen Beitrag dazu leistete die Feuerspritzenfabrik Schenk in Worblaufen, die von 1817 bis 1957 Feuerspritzen und andere Geräte produzierte und in die ganze Schweiz lieferte. Obwohl bereits um 1900

Elektromotorspritzen und ab 1914 Benzinmotorspritzen hergestellt wurden, lieferte Schenk bis 1925 auch noch Handdruckspritzen. Die abgebildete Spritze wurde von Pferden an die Brandstätte gezogen. Zu ihrer Bedienung waren 16 Mann erforderlich.

Auch die übrigen Einrichtungen für die Brandbekämpfung wurden nun ausgebaut: Hydrantensysteme, so in Bern 1869, in Zürich 1870, in Meiringen 1879 (vgl. Kat. 17). Erst mit der Einführung der Hydrantenleitungen hatten die Feuereimer definitiv ausgedient. Chemische Löschverfahren kamen in der Mitte des 19. Jahrhunderts ins Gespräch, aber zunächst mit wenig Erfolg. Die Wirksamkeit der Wasserspritzen genügte lange den Erfordernissen; erst mit den Bränden in der Industrie waren chemische Verfahren gefragt. Über das erste Tanklöschfahrzeug der Schweiz verfügte seit 1956 die Berufsfeuerwehr Bern.

Namentlich dank effizienterer Brandprävention und Brandbekämpfung hat sich das Feuerschadengeschehen im Kanton Bern in den letzten Jahrzehnten stabilisiert und, bezogen auf das versicherte Kapital, sogar reduziert. Dies in krassem Gegensatz zu den Elementarschäden, die sich unter dem Eindruck zunehmender Verletzlichkeit unserer Bauten und Infrastrukturen und der Klimaveränderung stark ausgeweitet haben.

Literatur: Magirus 1877; Oettli 1985; Schmutz 2003.

41 | Reklame der Firma Schenk, Worblaufen, in der
Schweizerischen Feuerwehrzeitung vom 1. Januar 1916.

42 | Kat. 18

19 Unwetter an der Lenk 1930

Unwetter an der Lenk, 4. Juli 1930.
Umgestürzte Remise und Triebwagen der
Montreux-Oberland-Bahn.
Fotografie. Archiv der Gebäudeversicherung des Kantons Bern.

Bergregionen sehen sich zweierlei Bedrohungen ausgesetzt: im Winter den Lawinen, im Sommer den Folgen von Unwettern. Die Heftigkeit von Hitzegewittern und Hagel zerstört nicht nur landwirtschaftliche Kulturen; die Erosion der anschwellenden Bergbäche unterhöhlt Gebäude, Verkehrswege und Fluren und löst Schlamm- und Geschiebelawinen aus. Auf dem Talboden angekommen, blockieren diese den Wasserablauf der Hauptgewässer mit einem Damm, sodass sich Seen anstauen können. Geschädigt werden dabei nicht nur die überfluteten Gebiete; die Zerstörung setzt sich auch talabwärts fort, wenn diese Dämme brechen oder unsachgemäss geöffnet werden. Was in der Buzza di Biasca von 1513 und 1515 als Jahrtausendkatastrophe geschehen war (Kat. 3), ereignet sich in kleineren Dimensionen Sommer für Sommer. Ein besonders gut dokumentiertes Ereignis dieser Art geschah im Sommer 1930.

Am Freitag Nachmittag des 4. Juli 1930 gingen an beiden seitlichen Talhängen der Lenk sehr starke Gewitter- und Hagelwetter nieder. In der Folge schwollen die beidseitigen Zuflüsse der Simme erheblich an und verstopften mit Geschiebe und Schlamm die Simme am nördlichen Dorfausgang. Ein grosser See entstand, der auch die tiefer liegenden Teile des Dorfes in Mitleidenschaft zog. Mehrere Hotels und andere Gewerbebetriebe wurden überschwemmt. Die Schlammlawine vom Laveygrat her hatte sich mit voller Wucht in das Areal des Bahnhofs gewälzt und dort den Lokomotivschuppen samt der darin stehenden Maschine umgerissen. Was für die Bahn ein grosser Schaden war, bedeutete Rettung für das dahinter stehende Haus, denn der liegende Lokschuppen konnte die Schlammlawine nach Norden ablenken.

Weil das gewerbliche Zentrum an der niedrigsten Stelle des Dorfes und unmittelbar hinter dem Schuttdamm lag, war das Dorfleben für einige Tag gelähmt. Die Feuerwehren des ganzen Obersimmentals und eiligst aufgebotene Truppen arbeiteten an der Behebung der Schäden. Erst am Montag konnte der Damm gesprengt und der See abgelassen werden. Einige provisorische Dämme mussten das Dorf vor weiteren ähnlichen Vorfällen schützen, und für die Wildbäche wurden eiligst tiefere Bachbetten ausgehoben. Immerhin wurde der Fremdenverkehr kaum beeinträchtigt, und zu den treuen Gästen gesellten sich wie üblich nicht wenige Schaulustige. Das Unwetter an der Lenk war der erste Grossschadenfall der Brandversicherung nach der Einführung der Elementarschadenversicherung drei Jahre zuvor.

Literatur: Sommer 2005.

43 | Das am 4. Juli 1930 vom Unwetter verwüstete Dorf Lenk.

44 | Kat. 19

20 Die Explosion in Mitholz 1947

Das zerstörte Mitholz, wenige Tage
nach dem Unfall.
Fotografie. Sammlung Historisches Museum Bern,
Inv. 50526.

In der Nacht vom 19. auf den 20. Dezember 1947 explodierte in Mitholz, Gemeinde Kandergrund, das unterirdische Munitionsmagazin «Fluh» der Schweizer Armee. Mehr als 7000 Tonnen Munition zerstörten das Dorf und den Bahnhof der Lötschbergbahn. Neun Menschen kamen dabei ums Leben, 39 Gebäude erlitten Totalschaden, bei weiteren 66 Gebäuden wurden Teilschäden festgestellt. Die Armee handelte sofort, errichtete für die Obdachlosen Unterkunftsbaracken und beteiligte sich an den Aufräumarbeiten.

Die Ursache der Explosion konnte nie ermittelt werden. Ein paar Tage nach der Explosion besuchte General Guisan die Brandstätte. Damit konnte zwar Geschehenes nicht ungeschehen gemacht werden, aber der Besuch bedeutete für die leidgeprüfte Bevölkerung moralische Unterstützung.

Keines der zerstörten oder beschädigten Gebäude besass eine Zusatzversicherung für Explosionsschäden. Vermutlich wusste die Bevölkerung von Mitholz nicht einmal, was in dem Bunker gelagert war, denn die Geheimhaltung aus der Zeit des Zweiten Weltkriegs griff noch fest. Aufgabe der Brandversicherung war einzig die Entschädigung der Brandschäden, die als Folge der Explosion eingetreten waren. Sie beliefen sich auf 124 000 Franken. Der übrige Gebäude- und Mobiliarschaden von mehr als anderthalb Millionen Franken fiel in die Pflicht des Bundes. Auf heutige Verhältnisse übertragen, betrug der Gesamtschaden mehr als 100 Mio Franken.

Beim Wiederaufbau engagierte sich der Berner Heimatschutz. Es entstand ein neuer Weiler in einem einheitlichen Chaletstil. Der vormalige Pfarrer von Kandergrund, Karl von Greyerz, verfasste die Hausinschriften, die an das grosse Unglück erinnern, wie z.B.:

Ein Schrecken lief durchs ganze Land
Als unser Dorf zerstört, verbrannt.
Jetzt ist die Freude eingekehrt,
Dass uns ein neues ist beschert.

1948 konnte die Brandversicherung melden, das Eidgenössische Militärdepartement habe ihr die Übernahme der Hälfte ihrer Leistungen angeboten. Die Versicherung nahm das Angebot an. Offenbar lag ein Prozess um die Entschädigungspflicht in der Luft, dessen Ausgang für beide Seiten nicht abzuschätzen war. Mit diesem Kompromiss konnten beide Seiten das Gesicht wahren und den eigenen Schaden in Grenzen halten. Die Brandversicherung liess sich aber die Gelegenheit nicht entgehen, den Bundesbehörden zu empfehlen, man möge sich bei der Prävention in Munitionslagern künftig etwas mehr engagieren.

Literatur: Wandfluh 1997; Jahresberichte der Gebäudeversicherung 1947 und 1948.

45 | General Henri Guisan an der Unfallstelle.

46 | Kat. 20

21 Eine Wetterglocke soll Hagel abwenden

Glocke aus Romont, wohl 1434, als Beutegut aus den Burgunderkriegen 1475 an Bern gelangt und in Berner Landkirchen verwendet. Giessermarke: Guillaume Chaufourne.

Gusseisen. Höhe 73 cm, Durchmesser 65 cm, Gewicht 173 kg (Glocke) und 11 kg (Klöppel). Historisches Museum Bern, Inv. 13489 (Depositum).

Schwere Hagelwetter richten grosse Verwüstungen an Kulturen und Gebäuden an, insbesondere an den Dächern. Die Schweiz ist im europäischen Vergleich besonders stark betroffen, vor allem der Jura, die Zentralschweiz und das Tessin. Im Kanton Bern wird die Voralpenregion von Schwarzenburg bis zum Napf regelmässig von Hagelzügen heimgesucht.

Seit dem Hochmittelalter kennen wir Berichte über Hagelwetter. Am meisten bedrohte es die Bauern, denen durch Hagelschlag die Ernte und damit die ganze Existenz zerstört werden konnte. Bis zum Beginn der Neuzeit sahen die Menschen im Hagel eine Gottesstrafe, denn schon im Alten Testament zählt der Hagel zu den zehn Plagen. Dagegen etwas unternehmen konnte und wagte man nicht. Man konnte nur hoffen, Gott gütig zu stimmen, etwa mit Prozessionen.

Vor einem unmittelbar drohenden Unwetter pflegte man die Kirchenglocken zu läuten. So besass fast jede Dorfkirche eine Wetterglocke. Oft trug diese eine besondere Inschrift, die auf ihre Funktion hinwies: «vivos voco mortuos plango fulgura frango» (die Lebenden rufe ich, die Toten betraure ich, die Blitze breche ich). Eine solche Inschrift trägt z. B. die grosse Glocke des Schaffhauser Münsters, die Schiller zu seinem Lied von der Glocke angeregt haben soll. Nach der Reformation verlor dieser Aberglauben an Bedeutung, aber weil alte Bräuche Bestand hatten, war «Wetterläuten» auch in protestantischen Gegenden nicht zu verhindern. Nicht ganz ohne Berechtigung, wie man heute weiss. Druck- und Schallwellen, und seien es nur die Wellen vom lauten Klang einer grossen Glocke, können durchaus Einfluss auf den Gewitterverlauf haben. Im 20. Jahrhundert wurde aufgrund dieser Erkenntnis versucht, mit «Hagelschiessen» gegen die Hagelbildung anzukämpfen, später mit Silberjodid-Impfungen, doch beides mit mässigem Erfolg.

Seit dem 18. Jahrhundert nahm man den Hagel nicht mehr als göttliche Strafe, sondern als Naturphänomen wahr, gegen dessen Auswirkungen man etwas unternehmen konnte: 1818 entstand in der Ajoie eine erste Hagelversicherung, 1825 auch in Bern. Im Jahr 1880 wurde dann die Schweizerische Hagelversicherung gegründet. Hagelschäden an Immobilien werden erst seit 1942 durch die Gebäudeversicherung getragen.

Literatur: Von Burg 2000; Bachmann 2001.

47 | Junkerngasse in Bern: Hagelwetter vom 23. Mai 1950. Die Feuerwehr musste aufgeboten werden, um Hauseingänge und Wohnräume zu schützen. – Fotografie von Paul Senn (1901–1953).

22 Der Lawinenwinter 1951

Lawine am Gotthard, 13. Dezember 1563, aus der
Sammlung des Johann Jakob Wick (Wickiana)

Aquarellierte Zeichnung, 16. Jh. Zentralbibliothek Zürich,
Ms.F 15, f. 454 rechts.

Lawinen entstehen durch das Wechselspiel von Schnee,
Geländeaufbau, Wind und Temperatur. Grundlawinen
aus Nassschnee wirken durch Dichte und Gewicht.
Staublawinen aus lockerem Schnee zerstören mit ihrem
immensen Druck. Zu allen Zeiten bedeuteten Lawinen
die grösste Bedrohung im Alpenraum. Als einziger
Schutz kamen Bannwälder und das Bauen in geschützten
Lagen in Betracht. Zu Zeiten, als das Holz praktisch
der einzige Energieträger war, bestimmte der Konflikt
zwischen den Interessen der Holznutzung und dem not-
wendigen Schutz des Bannwaldes das Leben in den Bergen. Nur strengste Gesetze, ja sogar eine Dämonisierung
des Bannwalds, vermochten diesen zu schützen. Bannwälder sind ein frühes Beispiel für Katastrophenpräven-
tion. Der bekannteste Bannwald ist derjenige über dem
Dorf Andermatt UR (Abb. 1).

Die grossen Lawinen wurden zunächst als etwas
Ungeheures, Diabolisches erlebt; ihr Zustandekommen
war schwer zu verstehen, ihre Auswirkungen fürchterlich. Das erklärt die unbeholfene und etwas wirklich-
keitsfremde Darstellung in der Chroniksammlung
«Wickiana» des Zürcher Geistlichen Johann Jakob Wick
(1522–1588). Sie hat einen Holzschnitt in Johannes
Stumpfs Schweizer Chronik von 1548 zum Vorbild. In der
Pionierzeit des Fremdenverkehrs im 18. und 19. Jahrhundert wurden Lawinen dann zur Touristenattraktion. Aus
sicherer Distanz konnte man sie mit genussvollem
Schaudern beobachten, etwa auf der Wengernalp.

Für die einheimische Bevölkerung bleiben Lawinen
hingegen bis in die Gegenwart eine Bedrohung. Ruhigere
Winter wechseln auch heute noch mit ausgesprochenen
Katastrophenwintern ab. Einer der schlimmsten in neu-
erer Zeit war jener von 1951: Im Januar hatte eine Nord-
west-Staulage die ganze Zentralschweiz und Graubünden
bis ins Engadin mit übermässig viel Schnee versorgt;
im Februar begrub eine Südstaulage den Kanton Tessin
unter einer dicken weissen Decke. Das Berner Oberland
war nur am Rand betroffen, in beiden Monaten hingegen auch das benachbarte Ausland. Teilweise fielen
innerhalb eines Tages mehr als 150 cm Neuschnee. Im
Januar zählte man allein in der Schweiz über 1000 Lawinen, im Februar noch etwas über 300. Viele Verkehrswege, Strassen und Bahnen waren wochenlang unpas-
sierbar. Häuser und halbe Dörfer wurden durch schwere
Grundlawinen zerstört, so im bündnerischen Safiental
und Airolo im Tessin. In diesen zwei Monaten wurden
131 Menschen von Lawinen verschüttet, 75 von ihnen
starben den «weissen Tod».

Literatur: Stöckli 2002; Laternser/Ammann 2002.

49 | Im Februar 1954 zerstörte ein mächtiger Lawinenniedergang
im Unterweidligraben den Gasthof Hirschen in Ebligen am Brienzersee.

6 3

454

Was schadens ein
schne löuwin am
Gotthart gethon.

Am 13 Decemb. ist ein löuwin
dahar gefarren, hatt XXVI Roß, vñ
vii Mans personen dahin genom,
men vñ verschle, vnder denen
ist xin ein kauffherr von Meyland
sol mer dan 1000 kronen by im
gehebt haben.

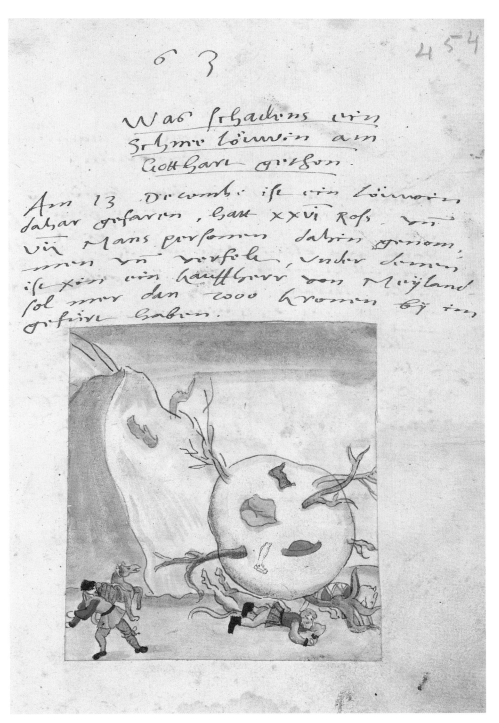

23 Der Brand an der Junkerngasse in Bern 1997

Der Grossbrand an der Junkerngasse am frühen
Morgen des 30. Januar 1997, Blick von Süden.
Foto Denkmalpflege der Stadt Bern.

Neben den grossen Stadtbränden wie dem von 1405
(Kat. 2) hat Bern in jedem Jahrhundert auch mehrere
kleinere Brandfälle erlitten. Dank Verbesserungen bei
Brandschutz und Brandbekämpfung ist die Gefahr in
letzter Zeit wohl zurückgegangen, aber nie ganz gebannt
worden. Aus den letzten Jahrzehnten seien nur die folgenden Brände in der Innenstadt erwähnt: 1972 brannte
es am Nydeggstalden, 1978 an der Bundesgasse, 1979 an
der Spitalgasse und 1980 an der Marktgasse.

Im Ganzen wähnte man sich in den letzten Jahren
sicherer denn je. Umso grösser war der Schock, als es
1997 wieder zu einem Grossbrand in der Altstadt kam:
Am frühen Morgen des 30. Januar 1997 brach in der Junkerngasse 41 ein Brand aus, ohne von den Betroffenen
zunächst bemerkt zu werden. Alarm wurde vom Mattequartier aus geschlagen. Erst ca. 3/4 Stunden nach Brand-
ausbruch traf die vierzehnköpfige Einsatztruppe der
Feuerwehr am Brandort ein. Inzwischen hatte das Feuer
auf die Häuser 33 bis 43 übergegriffen. Es war offensichtlich, dass der Brand nicht so rasch gelöscht werden
konnte. Die betroffenen Häuser standen sonnseits an der
Hangkante, und auf dieser Seite waren keine Hydranten
verfügbar. Das Löschwasser musste unter Schwierigkeiten aus der Gerechtigkeitsgasse bezogen werden. Ein
starker Wind erschwerte die Löscharbeiten erheblich. Bis
zum Absperren der Gasleitungen kam es ausserdem zu
mehreren Explosionen. Der knappe Berner Mann-
schaftsbestand wurde durch einige Mannschaften aus
der Umgebung ergänzt, so dass schliesslich 200 Feuer-
wehrleute im Einsatz standen. Erst am Morgen um 8 Uhr
war der Brand unter Kontrolle.

Eine Person kam im Feuer ums Leben; aus den
betroffenen und benachbarten Häusern mussten 60 Personen evakuiert werden. Der Brand betraf eine im
UNESCO-Weltkulturerbe Bern besonders empfindliche
Gebäudegruppe: Unwiederbringliche Bausubstanz und
kulturgeschichtlich bedeutende Ausstattungen wurden
durch diesen Brand für immer vernichtet. Diese besondere Schadenslage ging in die Kritik an der Arbeit der
Feuerwehr ein. Das Feuer gab aber auch Anlass zu einer
intensiven Beschäftigung mit zukünftiger Prävention:
Dem Zustand der Brandmauern sollte noch mehr Be-
achtung geschenkt und die Installation von Brandmel-
dern auch in Privathäusern vorangetrieben werden.

Für die Gebäudeversicherung bedeutete der Schaden von 14 Mio Franken ein Grossereignis. Brandfälle
mit Schadensummen von über 10 Mio Franken kommen
erfahrungsgemäss nur alle fünf bis zehn Jahre vor.

Literatur: von Rodt 1904; Berner Zeitung 31. Januar und
1. September 1997; Furrer 1999; Keller 2003.

51 | Innenraum im Haus Junkerngasse 41, nach dem Brand am
31. Januar 1997 und nach der Restaurierung, Dezember 1997.

24 Unwetter 2005 in Brienz

Die Zerstörungen des Glyssibachs in
Brienz im August 2005.
Foto Markus Hubacher, Bern.

Seit Jahrhunderten sind die Oberländer Dörfer Brienz,
Kienholz und Schwanden von Wildbächen geschädigt
worden. Das instabile Gelände lieferte den Bächen nach
jedem Unwetter reiche Fracht. Über zwanzig schwere
Schadenfälle werden allein aus Schwanden seit dem
16. Jahrhundert verzeichnet. Im Jahr 1797 standen nach
einem Murgang von 32 Häusern noch deren vier.

Damals dachte man erstmals daran, das Dorf auf-
zugeben und seine Bewohner anderswo im Oberland
anzusiedeln. 1896 kam es zur letzten ganz grossen Katastrophe. Verbauungen und Aufforstungen hielten im
20. Jahrhundert die Schadenfälle in kleinerem Rahmen,
ohne dass je völlig Ruhe eingekehrt wäre. Eine Aufgabe
von Schwanden, wie man sie mehrmals erwogen hatte,
stand aber nicht mehr zur Diskussion. Dass es doch einmal zu einer kleinen Aussiedlung kommen würde, ahnte

53 | Das Hochwasser vom August 2005 überraschte auch
ein Aussendepot des Historischen Museums Bern in Thun
und verursachte erhebliche Schäden.

angesichts der offenbaren Wirksamkeit der mensch-
lichen Verbauungswerke niemand.

Die heftigen Niederschläge im August 2005 be-
rührten den ganzen nördlichen Alpenraum vom Berner
Oberland über die Zentralschweiz bis nach Vorarlberg,
Tirol und Oberbayern. Neben Brienz wurden im Berner
Oberland insbesondere das Kiental und das Diemtigtal
verwüstet. Die Gesamtsumme, welche allein die Gebäudeversicherung im Kanton Bern zu vergüten hatte, belief
sich auf 308 Millionen Franken.

Einmal mehr brachen auch die Wildbäche am Süd-
hang des Brienzer Rothorns aus. Das erhöht liegende
Schwanden kam dieses Mal glimpflich weg; umso härter
war Brienz betroffen. Der Glyssibach trat im Unterlauf
mit seinem Geschiebe über die Ufer und zerstörte zahl-
reiche Häuser. Zwei Menschen kamen in den Schuttmassen ums Leben.

Was in Schwanden in den vergangenen Jahrhunderten beim Vorsatz blieb, wurde nun in Brienz vollzogen: Für die dem Unterlauf des Glyssibachs am nächsten
liegenden Häuser wurde eine erneute Baubewilligung
verweigert. Die Initiative ging von der Gemeinde Brienz
selber aus und wurde von den Betroffenen begreiflicher-
weise ungern, von der Gebäudeversicherung hingegen
sehr wohlwollend aufgenommen. Die Burgergemeinde
Brienz stellte Bauland an anderer Lage zur Verfügung.

Ein Umdenken bahnt sich an: Es wächst die Bereit-
schaft, anzuerkennen, dass auch mit den aufwändigsten
Schutzmassnahmen die Natur nicht vollständig gezähmt
werden kann. Ob der Fall Glyssibach in Brienz einen
Wendepunkt für das Bauen in gefährdeten Regionen be-
deutet, wird sich zeigen. Angesichts der sich häufenden
katastrophalen Elementarereignisse stehen jedenfalls die
öffentliche Hand, die Versicherungswirtschaft, aber auch
die Versicherungsnehmer vor neuen, grossen Herausforderungen.

Literatur: Am Acher 2001; Berner Zeitung August/September
2005; Staeger/Perren 2006.

54 | Kat. 24

Anhang

Literaturverzeichnis

Aerni 1980
Klaus Aerni: Der Wandel im Landschaftsbild der Region Biel-Seeland seit 1850. In: Jahrbuch der Geographischen Gesellschaft von Bern, Band 53/1977–79, S. 305–356.

Am Acher 2001
Paul Am Acher: Ob ächt… Geschichte, Geschichten, Gedanken und Gedichte über das Dorf Schwanden am Sonnenhang des Brienzersees. Schwanden bei Brienz 2001.

Bach 1935
Fritz Bach: Naturkatastrophen im Frutigland. Frutigen 1935.

Bachmann 2001
Brigitte Bachmann-Geiser: Europäische Musikinstrumente im Bernischen Historischen Museum. Die Sammlung als Spiegel bernischer Musikkultur. Bern 2001. (Schriften des Bernischen Historischen Museums, Band 3).

Baeriswyl 1999
Armand Baeriswyl: «Die grösste brunst der stat Bern» – der Stadtbrand von 1405. In: Berns grosse Zeit. Bern 1999, S. 36–40.

Bläuer 2002
Hans Peter Bläuer: Der Bergsturz von Elm am 11. September 1881, Ursache und gesellschaftliche Bewältigung einer menschengemachten Naturkatastrophe. In: Pfister 2002, S. 113–130.

Brand 1893
Der Brand von Meiringen und der benachbarten Dörfer Stein, Eisenbolgen und Hausen am 25. Oktober 1891. Bericht und Rechnung des Hülfscomites für die Brandgeschädigten. Meiringen 1893.

Brandversicherungsanstalt 1957
150 Jahre Brandversicherungsanstalt des Kantons Bern. Bern 1957.

Braungart 1985
Wolfgang Braungart: Bänkelsang, Texte – Bilder – Kommentare. Stuttgart 1985.

von Burg 2000
Christian von Burg. Mit dem Läuten der Wetterglocke werden Gewitter vertrieben. In: Bildersturm: Wahnsinn oder Gottes Wille? Ausstellungskatalog. Bern 2000, S. 165.

Ehrsam 1995
Emil Ehrsam: Zusammenfassende Darstellung der beiden Juragewässerkorrektionen, ausgeführt in den Jahren 1868–1891 und 1962–1973. o. O. 1974, 1995.

Fässler A. 2002
Alois Fässler: Geburt der gesamteidgenössischen Solidarität. Die Hilfeleistungen zur Bewältigung des Bergsturzes von Goldau 1806. In: Pfister 2002, S. 55–68.

Fässler M. 2002
Matthias Fässler: Grossbrände – Lehrstücke zur Katastrophenbewältigung. In: Pfister 2002, S. 177–189.

Festschrift 1908
Festschrift der Brandversicherungsanstalt des Kantons Bern. Herausgegeben bei Anlass der Begehung ihres hundertjährigen Bestandes 1807 bis 1906. Bern 1908.

Furrer 1999
Bernhard Furrer: Der Grossbrand an der Berner Junkerngasse. Über die Rettungs- und Restaurierungsarbeiten. In: Alpenrosen-Kalender. Langnau 1999, S. 104–107.

Gotthelf 2004
Jeremias Gotthelf: Die Wassernot im Emmental am 13. August 1837. Herausgegeben von Hanns Peter Holl. Wien, Leipzig 2004.

Grosjean 1962
Georges Grosjean: Die Ableitung der Kander in den Thunersee vor 250 Jahren. In: Jahrbuch von Thuner- und Brienzersee 1962, S. 18–40.

Gross 1618
Johann Georg Gross: Von dem erschocklichen vndergang Deß Fläcken Plurß in Pundten: Bericht/Warnung und Trost/Gestellt durch Johan Georg Grossen… Basel 1618.

Heim 1882
Albert Heim: Über Bergstürze. Neujahrsblatt hrsg. von der Naturforschenden Gesellschaft auf das Jahr 1882, Bd. LXXXIV. Zürich 1882.

Heim 1932
Albert Heim: Bergsturz und Menschenleben. Zürich 1932.

Holl 2004
Hanns Peter Holl: Über Gotthelfs Die Wassernot im Emmental am 13. August 1837. In: Pfister/Summermatter 2004, S. 43–51.

Hürlimann 2006
Markus Hürlimann: Der Goldauer Bergsturz 1806: Geschichte der Naturkatastrophe und Betrachtungen 200 Jahre danach. Schwyzer Hefte, 89. Schwyz 2006.

Keller 2003
Jürg Keller: Prävention und Lehren aus dem Grossbrand 1997 in der Berner Altstadt. In: KGS Forum 3/2003, S. 24–31.

Laternser/Ammann 2002
Martin Laternser und Walter J. Ammann: Der Lawinenwinter von 1951 und seine Auswirkungen auf den Lawinenschutz in der Schweiz. In: Pfister 2002, S. 153–167.

Magirus 1877
C. D. Magirus: Das Feuerlöschwesen in allen seinen Theilen nach seiner geschichtlichen Entwicklung von den frühesten Zeiten bis zur Gegenwart. Ulm 1877.

Maurer 1999
Ursula Maurer: Der Brand von Meiringen 1891 und der Wiederaufbau des Dorfes. In: Berner Zeitschrift für Geschichte und Heimatkunde, 61. Jg., 1999, Heft 1, S. 1–43.

Meyer 2006
Werner Meyer: Da verfiele Basel überall. Das Basler Erdbeben von 1356. Basel 2006.

Oettli 1985
Erich Oettli: Feuerwehr Zürich in alter und neuer Zeit. Zürich 1985.

Petitmermet 1977
Roland Petitmermet: Die Brandsteuern von Münchenbuchsee. Beiträge zur Geschichte von Münchenbuchsee 16. Münchenbuchsee 1977.

Pfister 2002
> Pfister Christian (Hrsg): Am Tag danach. Zur Bewältigung von Naturkatastrophen in der Schweiz 1500–2000. Bern 2002.

Pfister/Summermatter 2004
> Christian Pfister und Stephanie Summermatter (Hrsg): Katastrophen und ihre Bewältigung, Perspektiven und Positionen. Bern 2004.

Ramseyer 1990
> Rudolf J. Ramseyer: Zibelemärit, Martinimesse. Langnau 1990.

Reber 2000
> Alfred Reber: Jeremias Gotthelf: Die Wassernot im Emmental am 13. August 1837. Verein Gotthelfstube Lützelflüh, Ausstellung 2000. Lützelflüh 2000.

Rettenmund 1984
> Jürg Rettenmund: Huttwil 1834. Erinnerungsschrift zum Wiederaufbau des Städtchens Huttwil nach dem Brand vor 150 Jahren. Ein Beitrag zur Geschichte der Regeneration auf der bernischen Landschaft. Huttwil 1984.

von Rodt 1904
> Eduard von Rodt: Bern im sechzehnten Jahrhundert. Bern 1904.

Schmidt 1932
> Georg Schmidt: Der Schweizer Bauer im Zeitalter des Frühkapitalismus. Basel 1932.

Schmutz 2003
> Heinz Schmutz: Die Feuerspritzenbauer. Die Geschichte der Firma Schenk, Worblaufen, 1817–1957. Thun 2003.

Schröder 2004
> Hilmar Schröder: Klimaerwärmung und Naturkatastrophen im Hochgebirge. Desaster oder Stabilität im 21. Jahrhundert? Antrittsvorlesung 13. Juni 2003. Berlin 2004.

Schweizer/Zagermann 2006
> Simon Schweizer, Tino Zagermann: Nach dem Hochwasser. Was mit dem Sammlungsgut geschah. In: KGS Forum 8/2006, S. 43–47.

Seifriedsberger 2005
> Josef Seifriedsberger u.a.: Hexenbrand. In memoriam Rupert Ramsauer, Pfarrer in Bramberg, † 18. März 1575, Eva Neidegger, Pfarrköchin daselbst, † 18. März 1575. Bramberg 2005.

Senn 1861
> Der grosse Brand in Glarus oder treue Schilderung der verheerenden Feuersbrunst, welche in der Nacht vom 10. auf den 11. Mai 1861 fast ganz Glarus in einen Schutthaufen verwandelt hat: Nebst den nöthigen historischen, topographischen und statistischen Notizen/Nach Mittheilungen von Augenzeugen und eigener Anschauung von J.M. Senn. Zürich 1861.

Sommer 2005
> Albert Sommer: 500 Jahre Lenk. Ein Streifzug durch unser Gemeindearchiv. Wimmis, Lenk 2005.

Staeger/Perren 2006
> Andreas Staeger, Rudolf Perren: Die Veränderung. Unwetter 2005 Brienz. Brienz 2006.

Stöckli 2002
> Veronika Stöckli: Der Bannwald. Lebensgrundlage und Kultobjekt. In: Pfister 2002, S. 101–112.

Stumpf 1548
> Johannes Stumpfs Schweizer- und Reformationschronik, Zürich 1548. Hrsg. von Ernst Galliardi, Hans Müller und Fritz Büsser, 2 Bde., Basel 1952 und 1955.

Summermatter 2006
> Stephanie Summermatter: Naturkatastrophen in der Schweiz im 19. Jahrhundert. In: KGS Forum 8/2006, S. 5–13.

Tschudi 1862
> Johann Heinrich Tschudi: Der Brand von Glarus am 10./11. Mai 1861. Berichterstattung des Hülfskomite in Glarus. Glarus 1862.

Vischer 1986
> Daniel Vischer: Schweizerische Flusskorrektionen im 18. und 19. Jahrhundert. Zürich 1986.

Vischer/Fankhauser 1990
> Daniel Vischer und Ulrich Fankhauser: 275 Jahre Kanderumleitung. In: «Wasser, Energie, Luft», 82. Jahrgang, 1990, Heft 1/2, S. 16–25.

Vischer 2003
> Daniel Vischer: Die Geschichte des Hochwasserschutzes in der Schweiz. Von den Anfängen bis ins 19. Jahrhundert. Bern 2003 (Berichte des BWG, Serie Wasser, Nr 5).

Wälchli 1964
> Karl Friedrich Wälchli: Niklaus Emanuel Tscharner, ein Berner Magistrat und ökonomischer Patriot 1727–1794. Archiv des Historischen Vereins des Kantons Bern, Band 48. Bern 1964.

Wandfluh 1977
> Hans Ulrich Wandfluh: Katastrophen im Frutigland. In: Das Frutigbuch. Bern 1977, S. 491–507.

Wanner 2004
> Heinz Wanner: Die extremen Wetterereignisse der letzten fünf Jahre – zufällige Laune des Wetters oder Vorboten einer menschgemachten Klimaänderung? In: Pfister/Summermatter 2004, S. 7–20.

Wurstisen 1978
> Christian Wurstisen: Basler Chronik (1580), mit einem Vorwort von Andreas Burckhardt. Genf 1978.

Wyss/Rey/Müller 2002
> René Wyss, Toni Rey, Felix Müller: Gewässerfunde aus Port und Umgebung. Katalog der latène- und römerzeitlichen Funde aus der Zihl. Bern 2002 (Schriften des Bernischen Historischen Museums, Band 4).

Weingartner/Reist 2004
> Rolf Weingartner und Thomas Reist: Gotthelfs «Wassernot im Emmental» – Hydrologische Simulation des Extremhochwassers vom 13. August 1837. In: Pfister/Summermatter 2004, S. 21–41.

Zehnder 1988
> Josef Niklaus Zehnder: Der Goldauer Bergsturz: seine Zeit und sein Niederschlag. Goldau 1988.

Abbildungsnachweise

Titelbild und S. 13: Burgerbibliothek Bern, Mss.h.h.I.16.
S. 5: Johann Jacob Wirz, Radierung, 1746, 54 × 44 cm.
Feuerwehrmuseum Zürich.

1 Eidgenössisches Institut für Schnee- und Lawinenforschung, Davos.
2 Archäologischer Dienst des Kantons Bern.
3 Burgerbibliothek Bern, Mss.h.h.I.16, S. 547.
4 Burgerbibliothek Bern, Mss.h.h.I.16, S. 545.
6 Foto Markus Hubacher, Bern.
7 Schweizerische Landesbibliothek, Bern.
9 Archäologischer Dienst des Kantons Bern.
13 Foto Quirinus Reichen.
15 Zeichnung J. Schönenberger; Vorlage Bundesamt für Umwelt, Bern.
16 Plan von A. Riediger.
   Staatsarchiv Bern AA V Kander & Simme. 2.
17 Kupferstich, anonym. Privatbesitz Lindau.
19, 23 Kirchgemeindearchiv Münchenbuchsee.
25, 27 Foto Quirinus Reichen.
30 Schweizerische Landesbibliothek, Bern.
35 Zeichnung J. Schönenberger, Vorlage Klaus Aerni, Bremgarten.
36 Staatsarchiv Bern, Atlanten Nr. 21, Generalkarte der Juragewässer, Oppikofer Plan I, 1816/17.
37 Aus: Heim 1932. Schweizerische Landesbibliothek, Bern.
39 Foto Jos. Zelger, Luzern. Historisches Museum Bern, Inv. 33235.
41 Schweizerische Landesbibliothek, Bern.
43 Archiv Gebäudeversicherung des Kantons Bern.
45 Foto Hans Lörtscher, Frutigen.
47 Bernische Stiftung für Fotografie, Film und Video. Kunstmuseum Bern, Depositum der Gottfried-Keller-Stiftung.
49 ATP-Bilderdienst, Zürich.
51 Foto Denkmalpflege der Stadt Bern.
54 Foto Markus Hubacher, Bern.

Für Hinweise und Unterstützung dankt der Autor:
Klaus Aerni, Bremgarten; Armand Baeriswyl, Archäologischer Dienst des Kantons Bern; Peter Bannwart, Denkmalpflege des Kantons Bern; Hans Bart, Kirchgemeinde Münchenbuchsee; Vinzenz Bartlome, Staatsarchiv Bern; Daniel Birkenmaier, Berufsfeuerwehr Bern; Thüring von Erlach, Bern; Bernhard Furrer, Denkmalpflege der Stadt Bern; Chantal Greder, Stadtarchiv Biel; Hans Hostettler, Staatsarchiv Bern; Michael Kiss, Museumsverein Lindau (D); Kurt Mayer, Berufsfeuerwehr Zürich; Karl F. Wälchli, Liebefeld-Bern.